KB216741

원 력 의
화   신

유철주 지음

원력의
화　신

부처님의 길을 걷는 수행자들

상상출판

오늘도 수행자들의 '원력'을
가슴에 새기고 새긴다

8번째 책이다. 부처님 가르침을 실천하고 있는 수행자들을 대중들에게 널리 알리고자 책을 써온 지 10여 년 만에 8번째 책이 나왔다. 쉬엄쉬엄 해도 될 법했지만 조금이라도 빨리, 존경받을 자격이 충분한 수행자들을 사람들에게 '자랑'하고 싶어 쉬지 않고 달려왔다.

원로 선지식(善知識)들의 수행 이야기를 담았던 『산승불회』를 쓸 때만 해도 이렇게 많은 책을 내리라고는 생각도 못했다. 『산승불회』 한 권만으로도 부처님께 밥값을 했다고 생각했기 때문이다.

그런데 한 권, 한 권 책을 낼 때마다 훌륭한 수행자들이 아직도 곳곳에 많이 계시다는 것을 알게 됐다. 오로지 대중들에게 그분들의 삶과 노력이 알려지기를 바라는 마음으로 페이지를 채워 나갔다. 아직도 책으로 모시지 못한 많은 분들을 어떻게 알릴지 고민은 계속되고 있다. 이런 좋은 일을 할 수 있도록 인연을 지어주신 모든 분들에게 다시 한 번 감사의 말씀을 올린다.

　이번 책의 주제는 원력(願力)이다. 부처님 말씀이나 가르침을 살펴보면 원력에 관한 많은 내용들이 나온다. 가장 쉽게 접할 수 있는 것이 사홍서원(四弘誓願)이다. 법회를 마치면서 다함께 부르는 다짐의 노래인 사홍서원은 1)중생무변서원도(衆生無邊誓願度: 중생을 다 건지오리다), 2)번뇌무진서원단(煩惱無盡誓願斷: 번뇌를 다 끊으오리다), 3)법문무량서원학(法門無量誓願學: 법문을 다 배우오리다), 4)불도무상서원성(佛道無上誓願成: 불도를 다 이루오리다)으로 구성돼 있다.

　『법화경』'약초유품'에 나오는 원력에 관한 4가지 서원도 비슷하다. 첫째, 해탈하지 못한 사람이 있으면 결정코 그를 해탈케 하겠노라. 둘째, 부처님의 바른 정법이나 정견을 모르는 사람에게 열반의 묘심을 기필코 알게 하겠노라. 셋째, 마음이 괴롭고 고통스럽고 행복하지 못한 이가 있으면 결정코 행복하게 하겠노라. 넷째, 열반에 이르지 못한 사람이 있으면 열반에 이르도록 하겠노라.

여러 의미로 해석할 수 있겠지만 간단히 말하자면 원력은 부처님 가르침에 따라 상구보리하화중생(上求菩提下化衆生)을 실천하는 것이라고 할 수 있다. 그런데 단순한 실천을 말하는 것이 아니다. 금강석보다 단단한 결심이 서지 않으면 해낼 수 없다. 우공이산(愚公移山)의 정신이 없으면 실현 불가능하다.

이번 책에 모신 수행자들의 원력은 상상 그 이상이었다. 이번 생에 반드시 대중들의 삶에 도움을 주겠다는 다짐과 실천의지는 석가모니 부처님이 깨달음을 이뤄가는 과정 못지않았다. 각자의 분야에서 끊임없이 연구하고 실천하는 모습은 그 자체가 아름다움이었다.

많은 수행자들을 만나면서 적지 않은 가르침을 듣고 배웠다. 부처님 가르침을 세상에 전하겠다는 굳은 다짐과 실천. 오늘도 '원력'을 가슴에 새기고 새긴다.

　책이 나올 수 있도록 마음을 모아준 상상출판 유철상 대표님과 관계자들께 깊은 감사의 마음을 전한다. 그리고 집필에만 집중할 수 있게 해준 아내 김보배님과 아들 유지호, 딸 유지은도 항상 고맙다.

부처님의 가르침이 널리 전해지기를 기원하는
2019년 하안거 해제 즈음
유 철 주

차례

"원력(願力)에는 '끝'이 없습니다"

서울 구룡사 회주 정우 스님

서울 구룡사 회주 정우(頂宇) 스님 하면 떠오르는 단어가 '신심(信心)'과 '원력(願力)'과 '공심(公心)'이다.

이 시대에 불교를 전할 수 있는 길은 오직 포교라는 일념으로 서울 양재동 구룡산 자락에 천막법당으로 시작하여 오늘의 대중포교 현장을 일으킨 일은 '전설'로 지금까지도 회자되고 있다.

구룡사와 일산 여래사를 비롯하여 많은 포교당을 창건해 조계종단에 공찰(公刹)로 등록했으며, 수십만 평의 토지와 임야를 종단에 재산 목록으로 함께 올렸다. 그뿐만 아니라 현재 불사 중인 뉴욕 원각사를 비롯하여 애리조나 감로사, 워싱턴 연화정사, 토론토 대각사, 인도의 고려사와 녹야원, 히말라야 설산사, 호주 정법사 등 해외 여러 국가에 부처님 도량을 건립해 해외동포와 지역민에게 불교를 전해 한국 불교 세계화에도 기여했다.

정우 스님과 절친한 한 도반 스님은 "해야 할 일이 있으면 어떤 어려움이 있어도 반드시 실천하는 원력 보살의 화신이 바로 정우 스님"이라고 강조하기도 했다.

"원력 보살의 화신"

구룡사를 찾았다. 구룡사는 서울 불광사와 함께 도심 포교의 '맏형' 같은 존재다. 비교적 한가한 오후였지만 건물에 있는 여러 법당에서 기도하는 불자가 적지 않았다. 법당 참배를 하고 건물 3층 구석에 있는 회주실의 문을 두드렸다. 스님은 "나의 불사 원력은 영축산 어른스님들의 가르침에서 기인합니다"라고 밝혔다. 정우 스님은 먼저 군 복무 시절 은사 홍법 스님에게 받은 편지를 보여줬다.

頂宇親展(정우친전)

상별후(相別后) 소식 없어 운산원천(雲散遠天)에 북녘 하늘 바라보며 너 용모를 그립든 차 수서(手書)를 받고 보니 반갑기 그지없다. 그간도 몸 건강히 군무(軍務)에 충실하다 하니 더욱 반갑구나. 이곳은 너희들의 수호(守護)로 산중(山中)이 무고(無故)하니 안심하라. 그리고 엄동설한 매서운 추위도 조국 수호의 임의무任義務로 알고 직분을 다하라.

염념보리심(念念菩提心) 하면 처처안락국(處處安樂國)이니 불자의 본분을 호지(護持)하여 청정(淸淨)을 오염치 말고 영예롭게 귀사(歸寺)를 고대한다.

여기는 오랜만에 눈이 내려 월백설백천지백(月白雪白天地白) 한대 산심
야심여사심(山深夜深汝思深)이라 한결 너 모양이 비치는구나. 말로써
무슨 위안이 되겠느냐, 이만 줄인다.

74년 1월 18일

홍법(弘法) 합장(合掌)

"제가 군대에 있을 때 은사스님께서 보내주신 편지입니다. 무뚝뚝하셨
지만 상좌들을 챙겨주시는 마음이 그대로 녹아 있어요. 편지를 받고 얼
마나 좋았는지 모릅니다."

정우 스님은 출가 후 군에 입대해 군승(軍僧) 장교가 아닌 일반 사병으
로 복무했다. 그러니 홍법 스님은 여느 부모와 다르지 않은 마음으로 제
자를 챙겼다. 스승의 격려 덕분이었는지 정우 스님은 사병 신분으로 26
사단에 호국 황룡사와 호국 일월사 등 군 법당을 두 곳이나 세우는 신심
을 보이기도 했다.

전북 김제 출신인 정우 스님은 초등학교 때 출가 인연이 찾아왔다. 초
등학교 4학년 때 망해사로 봄 소풍을 가서 만난 한 스님이 '전설처럼 내려
오는' 스님들의 이야기를 들려줬다. 시골에서 평범하게 자라던 소년에게
는 스님들의 이야기가 마냥 신기했다. 이야기를 다 듣고 난 소년은 자기
도 모르게 망해사 스님에게 "저도 스님이 되고 싶어요"라고 말했다.

가까운 친척 중에 스님이 계셔서 자연스럽게 출가했다. 15세 때였다.
그렇게 정읍 내장사에서 삭발염의 하고 승려 생활을 시작한 스님은 부안
백룡사, 인천 약사사 그리고 서울 신대방동 장안사 등에서 어린 시절을

🌊 전 조계종 종정 월하 스님과 자리를 같이 했다.

보냈다. 장안사에 같이 살던 한 스님이 조계사에 있는 신태 스님을 찾아
가 보라고 권유했다. 조계사에 가니 그 스님은 통도사와 홍법 스님을 추
천했다.

"스님으로서 더 수행정진을 잘 하려면 통도사처럼 큰 절에서 가서 공부
를 해야 한다. 또 통도사에 가면 홍법 스님이 계시는데 그 스님께 가르침
을 받아라"라는 말이었다. 나중에 알고 보니 신태 스님은 직지사 스님이
었는데, 통도사 강원에서 홍법 스님에게 가르침을 받았다고 한다.

그렇게 인연이 돼 스님은 용산역에서 야간 완행열차를 타고 통도사로

"원력(願力)에는 '끝'이 없습니다"

정우 스님은 해외불교 지도자들과도 교류를 활발히 하고 있다. 달라이라마 스님과 담소를 나누고 있는 정우 스님.

향했다. 절에 온 지 3년 만의 일이었다. 서울에서 양산 통도사까지는 짧지 않은 거리였지만 스스럼없이 찾아갔다.

"통도사에 도착해보니 '이곳이 큰 사찰'이라는 생각이 들었습니다. 통도사에 계시는 스님들은 인자하신 어른처럼 보였죠. 고향집에 온 것처럼 너무 편안하고 좋았습니다. 통도사에 저를 추천해주신 스님의 편지를 전해 드렸더니 '잘 왔다'고만 말씀하셨습니다. 그때 은사스님께서는 강원(講院)에서 강사(講師)를 하고 계셨는데, 자상하실 것 같다는 인상을 받았어요."

021
서울 구룡사 회주 정우 스님

정우 스님은 홍법 스님을 은사로 '진짜 출가'를 했다. 그리고 행자 생활을 다시 시작했다. 절에 있다 와서인지 통도사 생활은 그리 어렵지 않았다. 강원을 마치고 군대를 제대한 뒤 스님은 은사스님을 모시고 태백산에서 일주일 정도 지낸 적이 있다.

"열반하시기 몇 해 전부터 건강이 좋지 않으셔서 은사스님이 좀 쉬시길 바라는 마음으로 태백산에 모시고 갔습니다. 일주일 동안 공부하며 느꼈던 생각을 많이 여쭤보았습니다. 편찮으셨지만 저의 의문에 자상하게 가르침을 주셨고 지금까지도 그때의 시간이 저에게는 살아가는 데 큰 힘이 됩니다.

은사스님께서는 수행자에게 잠과 음식, 의복이 부족해야 한다고 말씀하셨습니다. 사치를 버려야 하고 잠을 많이 자면 안 되고 음식을 많이 먹어서는 제대로 공부할 수 없다고 여러 차례 강조하셨습니다. 또 부족한 환경에서 더 공부를 간절하게 할 수 있다고 가르치셨습니다."

홍법 스님은 전 조계종 총무원장 지관 스님과 남양주 봉선사 조실 월운 스님과 통도사와 해인사 강원에서 동문수학하고 1기로 졸업하여 강사의 길을 걸었다. 당시 불교계에서는 세 스님을 '차세대 한국 불교의 3대 강사'라고 불렀을 정도로 뛰어난 학인들이었다고 한다. 홍법 스님은 훗날 통도사 강원의 강주와 통도사 주지를 역임하기도 했다.

어른스님들에게 배운 원력(願力)

"저에게 많은 스님을 친견할 수 있도록 해주려고 하셨는지 은사스님께서는 일찍 사바세계를 떠나셨습니다. 제방의 어른스님들께 은사스님의 제자임을 말씀드리면 저를 다시 살펴봐 주셨습니다. 마음을 더 써주신 것이지요. 어른스님들 모두가 그러셨던 것 같습니다. 다른 스님께 들은 말씀이긴 한데, 근대 한국 불교에 세 분의 보살이 계셨다고 합니다. 서울 도선사 청담 큰스님과 해인사 지월 큰스님 그리고 은사이신 홍법 큰스님이었다고 해요. 나중에 은사스님께서 많이 아프셨을 때도 극락암 경봉 노스님께서는 '통도사를 다 팔아서라도 홍법 스님을 살려야 한다고' 하시며 매우 안타까워하셨습니다."

정우 스님이 통도사에 갔을 때는 경봉 스님을 비롯한 기라성 같은 선지식들이 영축산에 주석하고 있었다. 홍법 스님이 일찍 입적하면서 할아버지가 손자를 보살피며 아끼듯 노스님들은 정우 스님에게 각별히 마음을 써주었다고 한다.

"그때 산중 어른들은 어린 사미들의 법명을 다 기억해주셨습니다. 누구 상좌고 법명은 무엇인지 다 알고 계셨어요. 항상 후학에게 관심을 갖고 계셨던 것입니다. 그런데 지금 우리는 그렇게 하지 못합니다. 부끄러운 일이죠. 어른이 될수록 대중을 보살펴야 하고 그늘이 되어주어야 하는데, 그렇게 못하는 것을 반성하며 살고 있습니다.

극락암에 계시던 경봉 노스님은 찾아뵈면 꼭 사미들에게 먹을 것을 주시고 물으셨습니다. 손자에게 과자를 주시듯 언제나 인자한 모습으로 다독거려주셨습니다. 제가 10대 후반에는 견성할 것이라는 마음을 가지고 인사를 드리면서 당돌하게 '노스님! 저에게도 화두 하나 주세요!'라고 했어요. 노스님께서는 '이놈 어디 도망가려고 망상을 부리느냐?' 하시면서도 출가자의 근본을 말씀해주시면서 '부모미생전본래면목(父母未生前本來面目)'을 주셨습니다. 지금도 평생 화두로 참구하고 있습니다.

벽안 노스님은 상당히 꼿꼿한 분이셨습니다. 그러나 참 따뜻하셨어요. 동진 출가자들의 공통적인 면이 있다면 아마도 세속 학문에 대한 미련일 것입니다. 제가 해보고 싶은 일이 있어 1976년에 잠시 통도사를 떠나 서울에 온 적이 있었는데, 그때 벽안 노스님께서는 격려 편지를 답신(答信)으로 보내주셨습니다.

정우를 보내고 궁금하던 차 편지를 받아보고 반겨했다. 공부를 위한 것이니 아무쪼록 공부를 착실히 하고 돌아와서 통도를 위하고 또 불교를 위하여 크게 활약하고 훌륭한 승려가 되어라. 우리 불교는 현재 이 사회의 바람을 응수하지 못하고 있다. 젊은 세대는 반성해서 구습을 타파하여라. 이만 76년 10월 12일 노승 벽안 답

이렇게 힘과 용기와 지혜를 주시던 어른스님 중 월하 노스님은 저에게 자상하신 어버이 같은 분이셨습니다. 제가 27세 때 은사스님께서 입적하셨습니다. 그때 정말 억장이 무너지듯 했습니다. 그래서인지 손상좌인 저를 늘 따뜻하게 살펴주셨습니다.

노스님께서는 제가 젊은 시절 머무르던 서울의 작은 절에 두 번이나 다녀가셨습니다. 제가 걱정이 되셨다면서요. 그때가 노스님께서 동국대학교 재단 이사장으로 계실 때입니다. 월하 노스님의 자상함과 자애로움은 제가 젊은 시절을 버틸 수 있었던 자양분이었습니다. 노스님께서는 생명

줄처럼 저 정우를 믿고 살아가도록 붙들어주셨습니다.”

은사스님을 대신한 스승님들의 보살핌 때문이었는지 정우 스님은 통도사와 서울을 오가며 다양한 포교 활동을 펼치기 시작했다.

시대에 부응하는 포교 절실

정우 스님이 본격적으로 도심 포교에 뛰어든 것은 1980년대 중반이었다. 군에서 제대를 하고 통도사와 서울을 오가며 종단의 소임을 보기도 하다가 1985년부터 구룡사의 주지 소임을 맡았다. 원래 구룡사는 서울 종로구 가회동에 있었다. 그러나 주변에 조계사를 비롯해 칠보사, 선학원 등의 사찰이 있고, 사찰 주변이 한옥 보전 및 미관 지역으로 지정돼 포교당이 자리하기에는 여러 가지 문제점이 있고 장애가 불가피하여 새로운 지역을 찾아야 했다. 그래서 정우 스님은 현재의 구룡사 위치로 절을 옮기기로 하고 통도사와 종단의 승인을 받아 부지를 구해 천막을 쳤다. 2년의 천막 법당 생활과 다시 2년간의 임시 가건물 법당 생활을 하면서 1989년 지금의 구룡산 자락의 허허벌판에서 구룡사를 낙성하게 됐다.

“그때 처음으로 부처님 금란가사 친견법회를 100일간 봉행했습니다. 대중에게 만불전(萬佛殿)을 짓겠다는 간절함으로 적극적인 동참을 발원했습니다. 그때 1만 명이 넘는 사부대중이 신심과 원력으로 동참해주어서 2년 만에 만불보전 법당의 낙성과 회향이 이뤄졌습니다. 그렇게 구룡사는 대중포교의 현장에서 중심 사찰로 성장하며 다른 포교당도 세우게 됐어요.”

정우 스님이 이렇게 건립한 포교당은 국내외에 모두 23곳에 이른다. 포교당을 창건했다가 통도사가 아닌 해당 지역 본사로 이관하여 맡긴 곳도 있다.

"제가 포교당을 세운 것은 일도 아닙니다. 통도사 구하 노스님은 구한말에 이미 도심 포교당을 30여 곳이나 중소도시에 건립하셨습니다. 그것도 사격(寺格)을 제대로 갖춘 포교당입니다. 광덕 큰스님께서도 불광사를 비롯한 많은 사찰을 세우시고 포교 활동을 하셨어요. 도심 포교는 시대의 목마름이었습니다. 수년 전부터 신도시가 많이 만들어졌고 제가 할 수 있는 일을 찾아 했을 뿐입니다."

정우 스님은 또 1987년 극단 '신시'를 창단, 설립하기도 했다.

"1984년에 총무원 교무국장 소임일 볼 때인데, 당시 연극 〈님의 침묵〉을 공연했던 극단이 있었습니다. 그때 총무원장이셨던 석주 노스님께서 만해 스님과 깊은 인연이 있었어요. 그런 인연으로 공연을 했던 출연진과 마음을 모아 극단을 만들게 됐습니다. 포교에 좋은 방편이 될 수 있겠다고 생각했거든요. 이제는 한국을 대표하는 극단 신시컴퍼니가 되어 너무 기쁘게 생각하고 있습니다."

스님이 한 박자 빠르게 도심 포교에 나서고 극단을 세우고 인터넷 TV를 운영하는 것은 "시대의 부름에 함께하기 위해서"다. 『월간 붓다』잡지를 만드는 것도 마찬가지다. 『월간 붓다』는 1988년 〈구룡사보〉로 출발해 30년 넘게 불자와 함께하고 있다.

정우 스님은 1980년대 초반부터 조계종 중앙종무기관에서 일했다. 중앙종회의원과 통도사 주지, 조계종 총무부장을 비롯한 여러 소임을 거치

"원력(願力)에는 '끝'이 없습니다"

JSA 무량수전 점안 및 낙성 법회

불기 2561년(2017) 3. 31(금) 제1보병사단

JSA 무량수전 낙성법회에서 인사말을 하고 있다.

서울 구룡사 회주 정우 스님

군불자들에게 법문을 하고 있는 모습.

"원력(願力)에는 '끝'이 없습니다"

며 대중포교에 함께했다.

정우 스님은 2013년 7월부터 4년간 조계종 군종특별교구 3대 교구장을 역임했다. 스님은 4년간 군 법당 신축 불사 40여 곳, 시설 노후 보수 군 법당 70여 곳 등의 불사를 회향했다. 또한 교구 본사와의 자매결연, 군장병에게 위문품 보내기, 독서 카페 기증 등 군부대 방문을 통해 군불교의 활성화와 발전에 헌신했다. 2014년에는 비구니스님을 군종법사로 선발, 불교·개신교·천주교·원불교 가운데 첫 여성 군종장교가 됐다. 전후방 군법당을 안 다닌 곳이 없을 정도로 소임을 다했다.

"종교는 국경이 없는 것이지만 종교인에게는 국가와 민족이 있습니다. 군종교구가 나라를 지키는 장병에게 힘과 용기와 지혜를 주는 비타민과 윤활유가 되길 바랍니다."

정우 스님은 "출가한 지 50년이 넘었지만 가장 값지고 소중한 인연을 맺은 보람된 일이 있다면 그것은 판문점 JSA 공동경비구역 안에 고려 건축 양식의 무량수전과 평화의 종을 낙성한 것"이라며 군종교구장 소임 기간 동안 있었던 많은 인연 중 무량수전 불사를 가장 보람 있고 소중한 일이었다고 소회한다.

"고려시대의 맞배집 구조로 무량수전 법당을 짓고 '평화의 종'을 달았어요. 한국전쟁에 참전한 16개국 전사자의 위패도 봉안했습니다. 그 고귀한 희생으로 나라를 지킨 감사함을 불교가 마음을 담아 진심으로 인사를 전해야 한다고 생각했습니다."

스님은 지난 6월 24일 통도사 일산포교당 여래사 불자들과 함께 '유엔사'로 명명된 이곳에서 호국영령 합동 천도재를 봉행하기도 했다.

서울 구룡사 회주 정우 스님

뉴욕 원각사 대웅전.

불사가 한창인 뉴욕 원각사 모습.

"원력(願力)에는 '끝'이 없습니다"

정우 스님은 현재 미주 최초 한국 사찰인 영축총림 통도사 미주포교당 뉴욕 원각사 불사에 전념하고 있다. 원각사는 뉴욕주 솔즈베리밀스의 대지 30만 평 부지에 있으며, 이미 완공한 86평 규모의 대웅전을 비롯해 통도사 적멸보궁 사리탑을 5 대 1로 축조하여 모신 탑과 높이 6미터의 청동대불 불사도 마무리했다. 현재 65평 규모의 무량수전 불사와 동당, 서당으로 나뉜 75평의 선방 불사가 진행되고 있다. 이 불사에 이어 요사채(80평), 서당의 부대시설과 반야샘터, 천왕문, 삼성각, 일주문, 적멸보궁 법당 불사를 추진하여 미주 최초로 전통 한국 사찰의 면모를 갖추어 나갈 계획이다.

지난 6월 16일에는 원각사에서 추진하는 중창불사의 원만회향을 기원하는 찬불 음악회가 열리기도 했다. 찬불 음악회는 카루나합창단의 연주와 노래를 중심으로 원각사 감로연중창단, 마하연 퓨전 앙상블 등이 출연하여 다채로운 공연을 펼쳤다. 행사가 진행되는 동안 원각사 경내에서 연등과 컵등 만들기, 페이스페인팅 등 불교 문화를 체험하는 부스도 마련해 큰 인기를 끌었다.

스님의 위와 같은 원력은 2017년 대한불교조계종 포교대상 종정상 수상으로 이어졌다. 사병으로 군법당을 창건하고 천막 법당으로 시작해 국내외에 수많은 포교당을 건립하며 많은 불자가 기도하고 정진할 수 있게 한 정우 스님의 원력은 이렇게 끝없이 펼쳐지고 있다. ❀

"부처님 법대로 사는 수행 공동체 만들 것"

춘천 제따와나선원장 **일묵 스님**

10년 전 처음으로 인도 순례를 가서 들른 슈라바스티의 제따와나는 허물어져 흩어진 벽돌이 뒹굴던 앙상한 터에 불과했다. 세계 곳곳에서 온 수행자의 기도 소리가 부처님 성지임을 짐작게 할 뿐이었다. 다른 대부분의 성지 역시 비슷했다. 처참하게 파괴된 인도 불교의 현장을 보면서 만감이 교차했던 기억이다. 5년 전에 갔던 두 번째 인도 성지순례 역시 비슷한 느낌이었다.

인도의 그것과 달리 한국에서는 제대로 된 제따와나선원이 문을 열었다. 강원도 춘천시 남면 박암리에 위치한 제따와나선원은 절의 외관은 물론 수행에서도 부처님 당시의 제따와나를 상상해볼 수 있는 가늠자가 될 만한 곳이었다.

겨울을 찾아 나서는 사람들 틈에 끼여 오랜만에 다시 찾은 제따와나는 사람들의 정진 열기로 여전히 뜨거웠다. 곧장 법당으로 가 부처님께 삼배를 올렸다. 인도 사르나트박물관의 부처님을 빼닮은 부처님은 여전히 온화했다. 평소 20명이 넘는 사부대중이 정진하는 제따와나는 한국의 전통 사찰과는 전혀 다른 형식으로 먼저 주목을 받았다.

한국에 다시 건설된 부처님의 '제따와나'

제따와나는 2009년 서울에 문을 열었다. 하지만 좀 더 수행에 전념하기 위해 2018년 10월 춘천으로 옮겼다. 제따와나선원장 일묵 스님은 "처음 서울에서 개원할 때부터 수행자들이 모여 지내면서 수행에 전념할 수 있는 도량을 가꾼다는 목표를 세워두었습니다"라고 말했다. 그리고 "서울선원은 현대인의 생활공간 가까이에서 사성제(四聖諦)를 중심으로 한 부처님의 법을 전하기에는 좋지만, 부처님 가르침에 따라 실제로 수행을 실천하고 경험으로 익히기에는 어려움이 있었지요"라며 새로운 불사의 이유를 설명했다.

제따와나선원은 부지 약 1만 1570제곱미터(3500평), 연면적 약 1983제곱미터(600평) 규모로 법당과 선원, 수행자 숙소 등 전체 7개 동으로 구성됐다. 수행 프로그램 진행 시 50여 명 정도 수용할 수 있다. 특히 스님 숙소 8곳, 재가자 숙소 17곳 등 총 25곳의 숙소를 작은 선방 개념으로 조성해 선원에 머물며 수행에 전념할 수 있게 했다.

제따와나선원은 전통 한국 사찰의 한옥과 달리, 콘크리트 구조로 뼈대를 만들어 구조적 안정성과 단열 등 실용성을 제고하는 한편, 외장은 인도의 제따와나 유적지의 벽돌과 유사한 파키스탄 벽돌 약 30만 장을 사

춘천 제따와나선원장 일묵 스님

🌀 인도 제따와나와 흡사한 모습의 춘천 제따와나선원 모습.

"부처님 법대로 사는 수행 공동체 만들 것"

용했다.

하지만 건물 배치는 전통 사찰 형식을 따랐다. 도량은 높이가 4미터씩 차이 나는 세 개의 단으로 나뉘어 있다. 일주문을 지나면 나오는 첫째 단에는 종무소와 공양간, 신도가 수행하러 와서 머무는 꾸티(숙소) 등이 있고, 둘째 단에는 요사채, 셋째 단에는 법당이 있다. 단을 오를수록 속세에서 멀어지고 부처님께 가까워지는 점층적 구조로, 기존 절의 구조와 다르지 않다.

"제따와나선원이라는 이름은 부처님이 가장 오래 머물렀던 기원정사(祇園精舍)의 원래 이름입니다. 근본 가르침을 따르고 당시의 모습을 닮아가려는 의지의 표현이죠.

우리 도량은 사성제 수행 도량이라는 콘셉트를 가지고 있습니다. 일주문도 좌우로 두 개의 기둥이 있습니다. 사성제를 의미하죠. 한쪽은 괴로움의 진리, 한쪽은 행복의 진리입니다. 일주문을 지나 법당에 이르는 길은 팔정도(八正道)를 의미합니다. 수행을 통해 열반으로 간다는 상징이죠. 법당과 선방은 교학과 수행이 함께 가야 한다는 의미를 담았습니다. 1층인 법당에서 교학을 배우고 2층의 선방에서 배운 바를 실천한다는 의미로 구성되어 있습니다."

건물 하나하나에 부처님 가르침을 온전히 담아내려 한 일묵 스님의 의지가 엿보였다. 제따와나선원 불사를 담당했던 건축가들 역시 작업을 하면서 일묵 스님으로부터 '중도(中道)'의 가르침을 받았다고 말한다. "고통끝에 어떤 깨달음이 오는 것이 아니라, 중도란 시작도 즐겁고 중간도 즐겁고 끝도 즐거운 것"이라는 말을 주저 없이 할 수 있었다.

일묵 스님은 외형뿐만 아니라 수행 프로그램에서도 부처님 당시를 재현해내고 있다. 일묵 스님은 특히 제따와나에서의 중도 수행을 강조했다.

"중도는 팔정도를 의미합니다. 팔정도는 바른 견해인 사성제와 청정한 계를 바탕으로 바른 삼매를 닦고, 바른 삼매를 기반으로 바른 지혜를 계발하여 바른 해탈을 실현하는 수행 방법입니다. 그래서 중도 수행은 바른 견해를 기반으로 팔정도를 실천하여 사성제를 체득하는 수행입니다."

제따와나의 수행 프로그램은 초심자 과정, 기본 과정, 고급 과정, 심화 과정의 4단계로 이루어진다. 초심자 과정은 괴로움을 바로 알고 수행에 임하는 바른 태도를 배운다. 기본 과정은 고집멸도, 사성제를 배우고 삼매를 닦는 수행 과정이다. 호흡을 기반으로 마음을 관찰하며 선정을 방해하는 탐진치 등 장애 요소를 내려놓는 방법을 걷기 수행, 마음 관찰, 울력 등을 통해 체계적으로 익힌다.

고급 과정은 집중 수행이다. 몸, 느낌, 마음, 법 등을 관찰하는 사념처 수행이 주를 이룬다. 심화 과정은 모든 단계를 밟은 수행자가 선원장 일묵 스님의 일대일 지도로 12연기를 관찰하는 훈련을 한다.

△수행 기간 동안 8계 수지, △오후 불식, △예불 및 수행 필참, △선방에서는 좌선을 하고 법당에서는 경행과 좌선을 병행함 △법당과 선방에서는 묵언 등 선원 청규를 지키는 불자라면 누구나 수행에 동참할 수 있다.

이와 함께 매년 하안거와 동안거 각 3개월간 집중 수행도 진행할 예정이다. 또 매주 수요일 정기법회와 매월 둘째 주 일요법회, 1주일 집중 수행 프로그램도 운영하며, 선원 홈페이지(www.jetavana.net), 유튜브, 네

이버 카페 등 온라인을 통해서는 불자와 일반 시민을 위한 초기 불교대학도 운영한다.

'죽음'에 대한 고민으로 출가 결행

사실 일묵 스님은 제따와나선원 불사 이전에 세상 사람에게 많이 알려져 있던 수행자다. 1996년 서울대학교 학생의 집단 출가를 주도하면서, 또 선불교의 큰집이라고 할 수 있는 해인사 백련암에서 원택 스님을 은사로 모시고 출가하면서 많은 화제를 몰고 다녔다. 하지만 정작 스님의 출가 이유를 궁금해하는 사람은 많지 않았다.

"대학에 다닐 때 성철 노스님의 『선문정로(禪門正路)』를 통해 불교에 눈을 떴습니다. 그 후 노스님의 다양한 법어집을 탐독하기도 했습니다. 그때는 불교보다 수학이 좋았기 때문에 박사 과정에 입학해 계속 수학 공부를 했어요. 그러다 돌연 숨이 막히고 당장 죽을 것 같은 공포가 생겼어요. 지금 생각하면 요즘 말하는 '공황장애'였을 것 같습니다."

27세 때의 경험으로 그동안의 공부 지식이 죽음 앞에서는 아무런 의미가 없다는 것을 느꼈다. 또 죽음은 아무런 예고 없이 올 수 있겠다는 생각을 했다. 그래서 스님은 죽음에 대한 책을 미친 듯이 섭렵하기 시작했다. 수많은 책을 보고 내린 결론이 불교였다.

"불교에 진리가 있다고 생각했습니다. 죽음을 이해하려면 윤회를 알아야 합니다. 죽음 자체가 두려운 것이 아니라 죽음을 이해하게 되면 어떻게 잘 살 것인가에 관심을 갖게 됩니다. 저의 출가도 결국 이 과정이 이어진 것이 아닌가 합니다."

스님은 '윤회'에 대한 말씀을 이어갔다. 출가의 이유가 된 '죽음'이 '윤회'로 이어진 것이다.

"제따와나선원을 개원하고 많은 사람을 만나면서 새삼 알게 된 사실이 한 가지 있습니다. 윤회를 믿지 않는 불자가 의외로 많다는 것입니다. 심지어 윤회는 부처님 가르침이 아니라고까지 말하는 불교학자나 스님도 있었습니다.

불교의 가장 중요하고 핵심적인 가르침인 연기와 사성제에 따르면 윤회하는 것이 괴로움이고, 윤회하지 않는 것이 괴로움의 소멸이라고 천명하고 있습니다. 더 나아가 윤회로 인해 생기는 괴로움의 원인은 탐욕, 성냄, 어리석음을 뿌리로 하는 해로운 마음이고, 괴로움을 소멸하려면 탐욕 없음, 성냄 없음, 어리석음 없음을 뿌리로 하는 유익한 마음을 계발해야 한다고 설하셨습니다. 이처럼 불교의 핵심 가르침은 윤회를 기반으로 합니다. 따라서 윤회를 부정하는 것은 불교를 부정하는 것이고 그릇된 견해에 빠진 것입니다. 반면에 윤회를 이해하는 것은 불교를 바르게 아는 것이고, 바른 견해를 갖춘 것입니다."

스님이 최근 펴낸 『일묵 스님이 들려주는 초기 불교 윤회 이야기』를 보면 스님의 말씀을 좀 더 구체적으로 확인할 수 있다.

교학과 실참이 어우러지는 도량

스님은 출가 뒤 범어사 강원을 졸업하고 봉암사 등 제방에서 수행했다.

"부처님 법대로 사는 수행 공동체 만들 것"

🌊 원택 스님을 모시고 백련암 예불에 참석하고 있는 일묵 스님.

이후 미얀마 파욱국제명상센터에서 3년간 공부한 뒤 프랑스 플럼빌리지,
영국 아마라와띠, 호주 보디야나, 말레이시아 담마난다까 등 세계 각지의
수행 센터에서 계속 정진했다.

"제가 수학을 전공해서인지, 처음엔 솔직히 간화선이 논리적으로 앞뒤
가 안 맞는 것 같고 잘 이해되지도 않았습니다. 그런데 오히려 초기 불교

를 공부하고 나서 보니 선사들의 말씀이 상당히 깊이 있는 이야기로 쏙쏙 이해가 되는 것입니다. 우리나라는 화두선 중심이 되면서부터 기초가 약해져 올바른 불교의 가르침이 쉽고 명쾌하게 전달되기 어렵습니다. 지금 한국 불교에 시급한 것은 초기 불교가 가지고 있던 기초 토대를 잘 갖추는 것입니다. 그래야 우리가 갖고 있는 대승불교의 자산이 더욱 부각되고 화두선도 살아남을 수 있습니다."

스님은 "한국 불교의 수행 전통인 간화선을 부정하거나 비판하는 것은 절대 아니"라고 했다. 다만 분석적 특징을 갖는 초기 불교가 자신의 체질에 맞을 뿐이다. 그리고 보니 스님이 수학도(數學徒) 출신이라는 것을 다시 확인하게 된다. 초기 불교 경전 번역에 진력을 다하는 각묵 스님 역시 수학도 출신으로서 일묵 스님과 비슷한 말씀을 하셨다.

스님은 한국 불교의 계율 문제에도 말씀을 보탰다.

"수행의 기본은 계율입니다. 계율이 무너지면 모든 것이 무너집니다. 계율만 잘 지켜도 문제는 생기지 않습니다. 계율과 법의 핵심인 사성제와 팔정도, 중도를 잘 학습하는 것이 무엇보다 중요합니다. 미얀마에서 수행하면서도 깜짝 놀란 것이 바로 모든 행동을 계율에 비추어보는 태도였습니다. 계율에 비추어보고 잘못이라고 판단되면 바로 시정하는 것이죠. 그게 비구가 살아가는 삶의 태도고, 수행자의 태도라고 봅니다. 부처님 당시에 계율이 만들어진 상황이 그랬잖아요."

인터뷰가 진행되는 동안 핵심 키워드는 사성제와 팔정도, 중도였다. 이에 대한 설명은 끝이 없었다. 사성제와 팔정도와 중도를 정확히 공부하고 실천하는 제따와나에 대한 비전도 명확했다.

"부처님 법대로 사는 수행 공동체 만들 것"

해인사 백련암에서 법회에 참석하고 있는 모습.

춘천 제따와나선원장 일묵 스님

🌀 2018년 10월 14일 열린 제따와나선원 이전 개원법회에서 인사말을 하고 있는 일묵 스님.

🌀 법문 중인 일묵 스님.

"부처님 법대로 사는 수행 공동체 만들 것"

"제따와나에서는 제가 생각하는 방향에 맞는 것을 다양하게 시도해볼 수 있을 것 같습니다. 사성제와 팔정도, 중도를 체계적으로 배울 수 있는 교학과 수행의 시스템을 만드는 것이 목표입니다. 더 나아가 부처님께서 바라본 세상은 어떤 곳이어야 하는지를 연구하는 연구소도 운영해볼 생각입니다. 궁극적으로 이 연구소에서 한국 불교를 세계에 전하는 많은 인재가 나왔으면 더 바랄 것이 없겠습니다."

성철 스님은 허물어져가던 한국 불교를 다시 세우기 위해 1947년 봉암사 결사를 진행했다. 오직 부처님 법대로 살고 실천했다. 이제 성철 스님의 손상좌인 일묵 스님이 다시 '부처님 법대로'를 주창한다. 스님이 가리키는 제따와나의 지향이 결코 허투루 들리지 않아 보인다.

"첫째, 부처님 가르침에 따라 바르게 수행하는 지혜로운 수행 센터가 되겠습니다. 사성제에 의지하여 팔정도를 닦아 모든 괴로움의 소멸, 열반을 성취하기 위해 바르게 수행하겠습니다. 둘째, 자애와 연민을 실천하는 자비로운 수행 센터가 되겠습니다. 부처님과 아라한들을 본받아 자신의 수행에 최선을 다하면서도, 많은 존재의 이익과 행복을 위해 부처님의 바른 법을 수호하고 널리 알리기 위해 노력하겠습니다. 셋째, 승가와 재가가 함께하는 청정한 수행 공동체가 되겠습니다. 불교의 가르침과 수행은 사부대중 모두를 위한 것이어야 합니다. 승가와 재가가 함께하는 운영위원회를 기반으로 선원의 모든 재정을 투명하게 공개하고 청정하게 운영하겠습니다." ❀

"사회복지 실천과 전법(傳法)이
평생의 과제"

자제공덕회 이사장 **보각 스님**

   '불교사회복지학의 선구자'로 존경받는 보각 스님. 평생 불교사회복지학 연구와 후학 양성에 진력했던 스님이 8월 31일 자로 중앙승가대학교에서 정년퇴임한다. 스님은 퇴임을 앞두고『눈물만 보태어도 세상은 아름다워집니다』라는 법문집을 펴냈다. 스님은 얼마 전 기자들과 만나 책 발간의 이유를 이렇게 설명했다.

   "지난 5월에 열린 정년퇴임 기념 법회에 오시는 손님들을 빈손으로 보내드리기 뭐해서 법문집을 하나 냈습니다. 원래 제가 생각한 제목은 '밥값'이었습니다. '시주 은혜 안 잊고 밥값 하자'는 게 제 신조였기 때문에 그랬습니다. 그래도 출판사에서 책을 잘 만들어줬습니다. 하하."

   책 제목의 의미에 대해 더 여쭈었다.

   "제자들에게 항상 강조했던 것이 남의 불행과 고통을 보면서 눈물 한 방울 부조하고 보시할 줄 모른다면 수행이 무슨 의미가 있느냐는 것입니다. 어찌 보면 사회복지학을 하는 사람들에게 가장 기본적으로 필요한 정신이 아닌가 싶습니다."

많은 사람은 수십 년간 몸담았던 곳을 떠나면서 '정리'를 생각하지만 보각 스님은 다시 새로운 출발점에 섰다. 복지시설 운영과 사찰 포교 등 더욱 왕성한 활동을 다짐하고 있는 스님을 만나기 위해 길을 나섰다.

운명처럼 찾아온 불교사회복지

스님을 만나니 불교사회복지와의 인연이 더 궁금해졌다. 스님은 차분하게 설명을 시작했다. 출가할 때부터 이미 스님의 '운명'은 정해져 있었다.

"어렸을 때 어머님한테 저의 태몽 이야기를 들은 적이 있습니다. 어느 날 가사장삼을 수한 노스님이 산에서 내려와 갑자기 바랑을 열어 큰 목탁을 꺼내주셔서 어머님이 그것을 받아 가슴에 안았다고 했습니다. 그러고는 제가 태어났다고 해요.

제가 초등학생일 때도 비슷한 일이 있었습니다. 어머님이 버스를 타고 시장에 가시는데 지역에서 유명한 무당이 어머님 앞으로 와 '향내가 지독하게 난다. 향내 나는 아들이 있네!'라고 했답니다. 그 무당이 저의 출가를 예언한 셈이죠. 하하."

스님은 7남 1녀 중 여섯째다. 형제들과 함께 어머니를 따라 절에 자주 다녔다. 어머니의 지극한 기도를 보며 자연스럽게 불교에 귀의했다고 한다. 스님은 고등학교를 마치고 영암 망월사로 가 출가를 했다. 머리를 깎

🌊 대학 졸업식에서 어머님과 함께 한 모습.

고 행자 생활을 시작할 때쯤 나중에 사형(師兄)이 된 스님들이 광주 향림
사에 주석하며 후학을 제접하던 천운 스님을 은사로 추천했다. 그래서
향림사에서 수행자의 길을 시작했다.

"어머님께서는 제가 계(戒)를 받을 때 직접 가사장삼을 해주셨습니다.
어찌나 정성을 들여 만들어 오셨는지 참 정갈했습니다. 출가하고 한참
뒤에 속가 집에 갔더니 유학(儒學)을 공부하셨던 아버님이 유언처럼 한

말씀 하셨습니다. '불도(佛道)도 도(道)이고 네가 좋아서 출가했으니 반대는 안 한다. 다만 중도 속인도 아닌 것처럼은 살지 말라'고 말입니다. 출가했으니 확실하게 수행하고 정진하라는 당부의 말씀으로 지금까지 생각하고 있습니다."

보각 스님은 행자를 마치고 계(戒)를 받은 후 해남 대흥사 동국선원에서 정진했다. 정진이 끝날 때쯤 대학 공부를 하고 싶은 마음이 생겨 은사스님의 허락을 받고 입시에 도전했다. 스님의 연구와 수행, 포교 여정이 본격화된 것이다.

"출가 전부터 경영학에 관심이 많아서, 실제로 대학도 경영학과에 입학했습니다. 불교학을 공부한다고 했으면 큰 어려움이 없었겠지만 일반 대학의 경영학과에 가다 보니 경제적 어려움이 좀 있었어요. 그래서 아는 사찰에서 기도, 부전 소임을 보며 학교에 다녔습니다. 그래도 사정이 여의치 않아 2학년을 마치고 휴학을 했습니다. 다시 복학하려 했는데 일이 생겼습니다. 제가 제적 처리돼 있었어요. 깜짝 놀랐어요. 복학하겠다고 하니 '경영학과에 결원이 없어 어렵다'고 했습니다. 다행히 사회복지학과에 결원이 있다고 해 2학년으로 재입학하게 됐습니다. 고민이 없었던 것은 아니지만 그때의 '역경'이 제 운명이 되어버렸습니다. 하하."

스님이 전공을 바꾸게 된 결정적 이유는 바로 속가의 어머니였다. 스님이 어렸을 때부터 어머니는 "어려운 이웃을 도와야 한다"라고 계속 강조했다. 스님은 몇 가지 일화를 전했다.

"제가 초등학교를 졸업하고 중학교 입학시험을 보러 광주로 나갔습니다. 그때 너무 추워서 어머니가 당신이 입으시던 빨간 내복을 빨아서 저

"사회복지 실천과 전법(傳法)이 평생의 과제"

🪷 강의 중인 보각 스님.

🪷 인도 보광학교 전경.

자재공덕회 이사장 보각 스님

한테 주셨어요. 광주시내 구경을 하면서 버스에 앉아 있었는데, 거지 아줌마가 어린애를 업고 차에 오릅니다. 어머님이 그들을 보시더니 얼른 내 복 벗으라고 하시는 겁니다. 어머님의 눈빛을 보고 저는 그 자리에서 옷을 벗었어요. 버스에 있던 어른들이 저를 보며 '착한 놈이네'라고 칭찬을 해주셨습니다. 어머님은 어려운 사람이 저희 집에 오면 꼭 상을 차려서 밥을 주셨어요. 반찬이 하나일지라도 꼭 상으로 주셨습니다. 한 사람 한 사람을 소중하게 대하셨습니다."

스님은 학부를 졸업하고 대학원 석사 과정에 진학해 사회복지학 공부를 이어 나갔다. 대학원에 입학해서도 아르바이트는 멈추지 않았다. 새벽에 기도를 하고 낮에는 학교에 갔다가 저녁에는 다시 기도를 하는 생활이 반복됐다.

스님이 석사 과정을 마치고 난 뒤 종단에 큰일이 생겼다. 바로 10·27법난이 일어난 것이다. 법난을 수습하면서 중앙승가대에는 사회복지학과가 신설됐다. 당시 중앙승가대에서 학인스님을 가르치던 호진 스님과의 인연으로 스님은 중앙승가대에서 본격적으로 후학 양성을 시작했다.

"지금 부처님이 오신다면 사회복지사로 나타나셨을 것"

1985년 3월 수행 관장 겸 사회복지학과 강사로 중앙승가대학과 인연을 맺은 스님은 2년 뒤 전임강사가 됐고 박사학위를 받았다. 그동안 중앙승가대학 사회복지학과에서 공부한 스님은 1000명이 넘는다. 현재 불교사회복지 시설을 책임진 대표자의 60퍼센트 이상이 스님의 제자다.

"사회복지 실천과 전법(傳法)이 평생의 과제"

"제자에게는 사회복지도 수행의 일환이라는 것을 강조합니다. 직업으로 생각하면 안 됩니다. 스님도 마찬가지입니다. 우리는 수행자입니다. 언젠가부터 '직업 승려', '직업 수좌'라는 말이 생겼습니다. 정말로 부끄럽고 부끄러운 표현입니다. 보살행을 실천한다는 자긍심을 가지고 수행자로서 더 열심히 정진해야 한다는 당부를 꼭 드리고 싶습니다.

부처님 가르침이 결국 사회복지입니다. 부처님께서 깨달음을 이루시고 45년간 중생을 교화하셨습니다. 중생 교화의 가장 구체적인 방법이 사회복지입니다. 부처님께서 평생 보여주신 행보가 결국은 사회복지입니다. 그렇기 때문에 불교와 사회복지를 따로 생각하는 것은 전혀 맞지 않는 말입니다. 지금 우리 시대에 부처님이 계신다면 아마 사회복지사의 모습으로 나타나셨을 것입니다. 불교를 비롯한 종교의 궁극적 목적은 중생 구제입니다. 그 구체적 실천이 사회복지라고 생각합니다."

보각 스님은 불교사회복지가 보다 명확한 목표를 가지고 움직여야 한다고 강조했다.

"용수 보살이 『대지도론』에서 자비에 대해 말씀하신 부분이 있습니다. '자(慈)'를 '여락(與樂)', 즉 중생에게 즐거움을 주고자 하는 마음이라 하고, '비(悲)'는 '발고(拔苦)', 즉 중생의 고통을 없애주고자 하는 마음이라고 설명합니다.

자비가 실천되지 않으면 무자비해집니다. 달라이라마 스님도 '나의 종교는 친절이다'라고 하셨잖아요. 세월이 갈수록 남을 기쁘고 행복하게 해주는 자비에 대한 실천의지가 부족해지는 것 같아 안타깝습니다.

불공(佛供)이라는 말이 있습니다. 이것은 단순히 전각 안에서 목탁만

자제공덕회 이사장 보각 스님

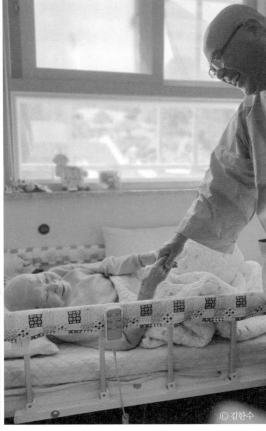

보각 스님은 하루도 사경 수행을
멈추지 않는다.

보각 스님이 묘희원에 입원 중인
노 비구니스님을 격려하고 있다.

© 김한수

"사회복지 실천과 전법(傳法)이 평생의 과제"

치는 것을 의미하지 않습니다. 불공이 사회 속에서 이루어지게 해야 합니다. 중생에게 친절을 베풀고 중생을 행복하게 하는 것이 불공입니다. 사회복지는 곧 불공의 실천입니다.

한국 불교에서 가장 중요시하는 깨달음이라는 것도 중생 속에서 실천되고 회향되어야 진짜 의미가 있습니다. 깨달으면 불교가 완성된다고 하는 것은 지극히 개인적인 일일 뿐이에요. 깨달음을 사회에 나눠야 진짜 불교입니다. 저는 이러한 개념을 명확히 하고 현장에서 복지가 이루어져야 한다고 강조하고 싶습니다."

말씀을 들으며 문득 궁금한 것이 생겼다. 업(業)의 관점에서 장애를 말하는 것을 어떻게 바라봐야 할까?

"선천장애는 20퍼센트 미만입니다. 80퍼센트 이상이 후천장애입니다. 업의 관점으로만 장애를 설명할 수 없는 이유입니다. 그런데 장애를 업의 관점에서 말하는 사람이 많습니다. '업보'라는 것이죠. 이것은 부처님 가르침을 제대로 이해하지 못한 것입니다.

냉정하게 말하자면 노인 자체는 장애덩어리입니다. 어르신은 불편한 데가 한두 곳이 아니잖아요? 그래서 정상과 비정상을 구분하는 것도 맞지 않습니다.

장애인은 남에게 피해는 안 줍니다. 비장애인 중에 세상에 피해를 주는 사람은 또 얼마나 많습니까? 그래서 더불어 공존하는 것이 중요합니다. 장애를 업으로만 바라보고 해석하기에는 무리라고 봅니다."

보각 스님의 사회복지에 대한 애정은 끝이 없었다. 스님은 그동안 『불교사회복지 사상사』와 『불교사회복지 개론』, 『초기 경전과 해결 중심 접

자제공덕회 이사장 보각 스님

근』을 비롯한 다양한 저서와 논문 수십 편을 발표하면서 불교사회복지학 연구에 이바지했다. 중앙승가대에 대한 사랑도 각별했다. 중앙승가대 대학원장과 교학처장, 불교사회복지연구소장, 김포불교대학 학장 등을 비롯한 여러 보직을 맡아 학교 발전에도 정성을 보탰다.

쉼 없는 사회적 실천과 수행정진

스님의 연구와 후학 양성은 연구실 안에만 머무르지 않았다. 사회적 실천도 결코 소홀히 하지 않은 것이다. 보각 스님은 2016년 4월 인도 슈라바스티에 '보광학교'를 건립했다. '보'는 스님의 법명에서, '광'은 어머니의 법명 광대행(光大行)에서 따왔다. 지상 2층짜리 건물 2개 동에는 20명의 학생을 수용할 수 있는 교실 12칸과 교무실, 화장실 등이 들어섰다. 학생 한 명당 한 대씩 사용할 수 있도록 컴퓨터 20대와 대형 스크린을 갖춘 시청각실도 갖췄다. 학교 건립 기금 전액을 보시했던 스님은 지금도 해마다 6000달러 이상의 장학금을 보낸다.

현장에도 뛰어들었다. 한때 물의를 빚은 소쩍새마을을 인수해 정상화시켰고, 2004년부터는 경기도 화성의 사회복지법인 자제공덕회 이사장을 맡고 있다. 노인요양시설(묘희원, 상락원)과 중증장애인 시설(불이원) 등에서 270여 명을 돌보고 있다.

보각 스님은 수행자로서도 모범적으로 살아왔다. 매일 일과(日課) 수행을 멈추지 않았다. 우리 시대의 부루나 존자로 알려질 만큼 감동을 주는 명법사로 알려져 있기도 하다.

"누가 저에게 좌우명이 뭐냐고 물으면 저는 이렇게 답합니다. 『아함경』에 보면 '몸뚱이는 음식을 먹고 살고 마음은 기도를 먹고 산다'는 말씀이 있습니다. 제 좌우명이 바로 이것입니다. 저는 적어도 하루 세 끼 밥 먹는 시간 이상은 기도해야 수행자라고 봅니다. 말로 수행하는 사람은 수행자가 아닙니다.

자제공덕회 이사장을 맡으면서 『법화경』 사경을 시작했습니다. 200권 사경을 목표로 하고 있습니다. 이제 20권 정도 남았어요. 주옥같은 부처님 말씀을 따라 적으며 공부하고 또 공부합니다. '나무아미타불' 사경도 합니다. 몇 년 전 서울 동산불교대학에 강의하러 갔더니 '나무아미타불' 10만 8000번 사경이 과제라고 합니다. 저는 108만 번을 쓰자고 생각하고 하루에 108번을 네 번씩 쓰고 있습니다. 이와 함께 매일 108배를 하고 또 매일 한 차례 『금강경』을 독송하기도 합니다."

스님은 부처님 가르침을 공부하고 실천하는 불자에게도 당부의 말씀을 빼놓지 않았다.

"불자는 부처님 가르침을 배우고 실천하는 사람입니다. 경전만 봐서는 불자가 아닙니다. 박제된 불교, 절에 머무는 불교가 되어서는 안 됩니다. 일상생활에서 실천하도록 노력해야 합니다. 『능엄경』에도 '부처님 가르침을 날마다 배우고 실천에 옮기는 사람이 진짜 불자'라고 나옵니다. 자신에게 맞는 수행을 하면서 사회와 이웃을 위해 실천하는 불자가 되기를 부탁드립니다.

스님들께도 말씀 올립니다. 불자님들에게 '하라고' 하지 말고 '함께 하자고' 합시다. 부처님과 수행자는 항상 먼저 중생 곁으로 갔습니다. 사람

자제공덕회 이사장 보각 스님

🌀 백련사 대웅전에서 강진만을 바라보고 있는 보각 스님.

"사회복지 실천과 전법(傳法)이 평생의 과제"

들이 절에 오지 않는다고 불평만 할 것이 아니라 오지 않으면 우리가 가면 됩니다."

'밥 한 번 안 사는 짠 스님'으로 유명하지만 보각 스님이 30년 동안 기부한 금액만 30억 원에 이른다. 법문 잘하는 스님으로 유명해 어느 해 부처님오신날엔 퀵 오토바이를 타고 옮겨 다니며 하루에 일곱 번 법문한 적도 있다. 법문 사례금과 교수 월급, 원고료를 모두 저축해 보시한 것이다. 스님의 퇴임 후 꿈도 매월 400만~500만 원쯤 기부하는 것이다.

스님은 지난해 가을부터 강진 백련사 주지를 맡고 있다. 전에 들었던 스님의 '계획'이 다시 생각났다.

"퇴직 후 계획했던 원력이라고 할까요? 제 고향에서 부처님 가르침을 나누며 회향을 하고 싶었습니다. 그런 바람이 실현됐다고 할 수 있습니다. 그런데 막상 내려와서 보니 전남 지역 일반 사찰 단위의 법회나 포교 프로그램이 거의 없는 것에 많이 놀랐습니다. 호남 불교가 너무 침체되어 있습니다. 요즘 제 머릿속은 호남 불교, 남도 불교를 어떻게 활성화시킬지에 대한 고민으로 가득합니다. 대중과 화합하고 소통하면서 열심히 뛰어보겠습니다."

보각 스님의 연구와 수행 여정은 흥미진진했다. 날을 바꿔 들어야 할 만큼 스님의 말씀에는 쉼표가 없었다. 소문대로 스님의 원력은 끝이 없었다. 중생 구제 의지도 대단했다. 자기 수행의 확신도 단단했다.

이튿날 아침 일찍 스님은 바랑을 챙겼다. 지역 법회에 법문을 하러 가야 한다고 했다. 대중을 만나러 가는 길이 즐겁고 신난다는 보각 스님. 남도에서 다시 꽃피울 보각 스님의 포교 열정이 벌써부터 기대된다. ☸

자제공덕회 이사장 보각 스님

"한국 불교 세계화가 마지막 원력입니다"

국제포교사회 **김성림 회장**

"저마다 올곧은 수행을 하고, 생각과 말과 행동을 바르게 하면 세간의 질서 또한 바로 선다는 이치를 알기에 우리 불자들은 부처님 가르침을 따르고 실천할 것을 발원합니다."

조계사 대웅전에서 열린 '불기 2563년 한국 불교 지도자 신년하례 법회'에 참석한 대중은 다짐하고 또 다짐했다. 부처님 가르침을 따르고 실천할 것을 결의하는 200여 불자의 표정에는 단단한 결심이 가득했다.

이날 하례 법회에는 조계종 총무원장 원행 스님을 비롯해 천태종 총무원장 문덕 스님, 진각종 통리원장 회성 정사, 관음종 총무원장 홍파 스님, 대통령 부인 김정숙 여사 등 한국 불교를 대표하는 출·재가 지도자들이 자리를 같이했다.

참석자들은 "일체 중생이 본래의 자리로 돌아가 자성을 더욱 청정하게 해 정법을 따르고 실천할 것"이라고 발원하며 "대중이 고통에서 하루빨리

🐋 1980년대의 백련암 모습.

벗어날 수 있도록 우리부터 자세를 가다듬고 정진의 고삐를 다잡겠다"라
고 서원했다.

  기해년의 출발을 알리는 이날 법회에 참석한 사람 중에는 국제포교사
회 김성림 회장님도 있었다. 유난히 큰 키에 밝은 미소를 가진 회장님은
멀리서도 단연 눈에 띄었다. 법회를 마무리하고 자리를 옮겼다. 오랜만에
만난 재가 불자들과 한참 인사를 나눈 후에야 회장님과 인터뷰를 시작할

"한국 불교 세계화가 마지막 원력입니다"

수 있었다.

회장님은 국제포교사회 회장 이전에 신심(信心)과 원력이 남다르기로 유명한 '백련암 불자'였다. 회장님이 국제포교사회와 인연을 맺은 것도 백련암에서 출발했다.

'도인스님'에게서 배운 불교

"신심 깊은 할머니와 어머니를 따라 절에 열심히 다닌 저는 그야말로 불교 집안 출신의 '모태신앙'입니다. 저희 오남매는 생일이 되면 전날 어머니와 함께 부산 영주암으로 가서 하루를 잔 뒤 다음 날 새벽에 부처님께 인사를 드리고 절에서 끓인 미역국을 먹고 집에 와 학교에 갔습니다. 어머니의 열정이 대단했고 아버지는 나중에 영주암 중창 불사를 주도하기도 했습니다. 그렇게 어린 시절을 보냈고 성인이 돼 해인사 백련암에서 진짜 불자로 거듭났습니다. 하하."

회장님이 백련암과 인연을 맺은 것은 그야말로 우연이었다. 조카의 입시 기도를 하러 가자는 언니의 권유에 자연스럽게 백련암으로 향했다. '도인스님', '철 스님'으로 불리는 스님이 계시다는 얘기는 들었지만 막상 그렇게 빨리 백련암과 인연이 만들어질 것이라고는 생각도 하지 못했던 때다.

"1980년 2월이었습니다. 그때는 젊은 여자가 백련암에 들어가려면 무조건 세 명 이상이 함께여야 했습니다. 언니와 저, 동생까지 수를 맞춰 아는 보살님과 함께 백련암에 갔습니다.

🪷 성철 스님 열반 당시 예를 올리고 있는 김성림 회장님(가운데).

🪷 성철 스님 사리탑 앞에서 추모 삼천배를 하고 있는 불자들.

"한국 불교 세계화가 마지막 원력입니다"

백련암에 가니 원영 스님과 원안 스님, 행자님 두 분이 계셨습니다. 원택 스님은 그때 성철 큰스님 법어집 『선문정로』와 『본지풍광』을 만든다고 서울에 왔다 갔다 할 때여서 처음에는 뵙지 못했습니다.

성철 큰스님은 워낙 도인이라고 소문이 나 있어서 저는 흰 수염에 큰 지팡이를 짚고 있는 모습을 상상했습니다. 스님들께 '철 스님 어디 계시냐고' 물어도 답을 안 주었습니다. 알고 보니 바로 옆에서 포행을 하던 분이 바로 성철 큰스님이었습니다. 그냥 평범한 할아버지의 모습이어서 깜짝 놀랐습니다. 하하."

회장님은 '백련암 규칙'에 따라 바로 3000배를 시작했다. 2000배까지 하고 잠깐 쉬었다 다시 절을 했다.

"2600배쯤부터는 안 아픈 곳이 없었습니다. '내가 왜 이 고생을 하지?'라는 생각과 함께 언니에 대한 원망이 밀려왔습니다. 하하. 그래도 끝까지 절을 해냈습니다. 그렇게 3000배를 하고 나서부터는 백련암에서 절도 하고 기도도 하기 시작했습니다."

회장님은 성철 스님에게 법명도 새로 받았다.

"3000배를 몇 번 하고 아비라 기도도 여러 번 했지만 저에게는 따로 법명을 주지 않으셨습니다. 그래서 하루는 제가 큰스님께 가서 법명을 내려달라 청을 드렸습니다. '그래? 그럼 종이하고 볼펜 가져와라'고 하셨습니다. 그 자리에서 큰스님은 '대지심(大智心)'이라는 법명을 주셨습니다. 어릴 때 영주암에서 받은 '덕성화(德性華)'도 있었지만 그때부터 바로 저는 '백련암 대지심 보살'이 됐습니다."

회장님은 백련암에 다니면서 불교관을 새롭게 정립했다. '불교의 핵심은 중도'임을 가슴에 새겼다. 책으로 나온 성철 스님의 가르침은 다소 난해했지만 직접 듣는 말씀은 너무 쉽게 다가왔다.

"친정아버지가 일찍 돌아가셨고 시아버지도 결혼하고 얼마 후에 돌아가셨습니다. 그러다 보니 큰스님께 더 의지를 했어요. 불교와 관련한 것에서 사업에 대한 것까지 큰스님께 여쭈어보지 않은 것이 없어요. 그때마다 큰스님은 명쾌하게 답을 주셨어요. 큰스님 말씀대로 하면 어긋나는 것이 하나도 없었습니다.

큰스님께서는 또 '절은 절하는 곳'이라고 하셨습니다. 절 수행을 통해 업장소멸 하는 것이 불자의 기본이라고 하셨습니다. 그리고 절이 익숙해지면 아비라 기도와 참선을 하라고 하셨어요. 물론 능엄주 독송 등도 함께하면 좋은 수행이라고 하셨습니다. 큰스님께서 가르쳐주신 대로 실천하면서 살아왔습니다."

회장님은 매일 1000배를 10년간 했고 매년 봄과 여름에는 매일 3000배를 21일씩 했다. 매일 3000배를 100일간 한 경우도 적지 않다. 백련암에 같이 갔던 언니는 매일 1만 배 100일을, 여동생은 매일 3000배 100일을 해냈다. 회장님의 오형제와 그 자녀들까지 3000배를 하지 않은 사람이 없을 정도로 가족 모두가 백련암 불자로 거듭났다.

"제 큰딸은 초등학교 5학년 때 일주일간 매일 3000배를 했습니다. 초등학생 중에서는 아마 처음이었던 것 같습니다. 큰스님께서도 엄청 칭찬을 해주셨습니다. 아비라 기도나 3000배를 할 때 아이들을 데려가면 큰스님께서 아이들과 놀아주셨습니다. 제 아들에게는 '내가 니 친구다'라고 할 정도로 '절친'이 됐습니다. 하하."

회장님은 3000배, 아비라 기도, 참선과 함께『화엄경』'보현행원품(普賢行願品)'을 수지독송 했다. 물론 성철 스님의 당부에 따른 것이다. 회장님은 지금도 보현보살의 10대원(大願), 즉 모든 부처님께 예배하고 공경하는 것, 부처님을 찬탄하는 것, 널리 공양(供養)하는 것, 업장(業障)을 참회하는 것, 남이 짓는 공덕을 기뻐하는 것, 설법하여주기를 청하는 것, 부처님께 이 세상에 오래 계시기를 청하는 것, 항상 부처님을 따라 배우는 것, 항상 중생을 수순(隨順)하는 것, 지은 바 모든 공덕을 회향하는 것을 항상 생각하고 실천한다.

원명 스님과의 운명적 만남

해인사 백련암에서 3000배를 열심히 하던 어느 날 국제 포교의 인연이 찾아왔다. 한 보살님이 도움을 요청했다.

"큰스님 상좌스님 중에 한 분이 유학을 간다고 합니다. 큰스님께서도 흔쾌히 유학을 허락하셨다고 합니다. 우리가 조금 정성을 모읍시다."

일정 정도의 '백련암 커리큘럼'을 이수하면 곧바로 선방으로 직행했던 성철 스님의 제자가 해외 유학을 간다는 말을 듣고 회장님은 주저 없이 정성을 보탰다. 그 후에도 몇 차례 더 '장학금'을 보냈다.

회장님을 비롯한 몇몇 신도가 장학금을 보낸 그 유학생은 다름 아닌 원명 스님이다. 성철 스님이 백련암에 주석하면서 받은 행자 1호가 바로 원명 스님이었다. 원명 스님은 계를 받고 경전과 어록을 더 보라는 성철 스님의 말씀을 새겨듣지 않고 참선해서 하루빨리 견성성불(見性成佛)하려

🌀 1995년 미얀마 성지순례중 원명 스님과 자리를 같이 한 모습.

는 마음에 선방으로 달려가기도 했다. 그러나 선방에서 생활을 해본 스님은 기초가 단단해야 함을 깨닫고 백련암으로 다시 가 경전 공부를 한 뒤 해인사, 봉암사, 상원사 등 전국 선원에서 12안거를 성만했다.

　김천 수도암 선원에서 정진하던 원명 스님은 화두가 잡히지 않고 자꾸만 영어 단어가 떠오르는 경험을 하게 되고, 그 '사건'이 계기가 되어 서울에서 영어 공부를 하다가 스리랑카 스님과 인연을 맺어 1982년 유학길에 오른다. 스리랑카에서 정진하며 영어 공부를 하던 스님은 영국 출신 비구니 무진 스님을 만나 영국으로 건너가 공부했다. 그 인연으로 스님은 무

🌀 강화 연등국제선원 불사 당시 원명 스님, 비구니 무진 스님과 함께 한 모습.

진 스님에게 한국 불교를 전했고, 한국 불교에 매료된 무진 스님은 한국
으로 건너와 한국 불교를 세계에 알리는 데 힘을 쏟기도 했다.

1985년 가을 귀국한 스님은 국제 포교를 결심하고 성철 스님을 찾았다.
늘 참선 수행을 강조했던 터라 행여 꾸지람이라도 들을까 걱정했던 것과
달리 성철 스님은 "중요한 일이니 가서 열심히 하여라"라며 격려했다.

원명 스님은 이후 해외 포교에 매진해 싱가포르 연화원, 인도네시아 해
인사 포교원, 모스크바 달마사, 우즈베키스탄 정각사, 우크라이나 불심
사, 키르기스스탄 보리사, 방글라데시 원명사 등을 창건하는 등 다양한

해외 포교 활동을 펼쳤다. 건강을 돌보지 않으며 해외 포교에 매진하던 원명 스님은 2003년 9월 23일 해인사 청량사에서 열반에 들었다. 세수 53세, 법랍 33세.

원명 스님은 비교적 일찍 세연(世緣)을 다했으나, 많은 제자를 남겼다. 환속한 제자까지 포함해 다양한 국적의 제자 20여 명이 있다.

"제가 원명 스님을 처음 뵌 것은 성철 큰스님께서 열반하셨을 때입니다. 큰스님 영단에 올릴 것이라며 귀한 향로를 가져오셨어요. 그때는 그냥 인사만 드렸습니다. 큰스님 장례를 마치고 인연이 돼 1995년 스님을 모시고 백련암 불자님들과 함께 미얀마 성지순례를 갔습니다. 스님께서 순례 중에 스리랑카와 영국에서 유학했던 말씀을 하셨어요. 그때야 원명 스님이 제가 장학금을 드렸던 바로 그 스님이라는 것을 알게 됐습니다. 하하."

"실천하는 국제포교사회 만들 터"

성지순례를 통해 신심(信心)이 단단해진 것도 큰 소득이지만 원명 스님의 해외 포교 원력을 확인한 것이 더 큰 보람이었다. 원명 스님의 열정을 확인한 회장님은 본격적으로 국제 포교에 팔을 걷어붙였다.

서울에 있던 연등국제선원이 강화도로 옮길 때는 불사에 적극 동참했다. 원명 스님이 세운 해외포교당 불사도 마찬가지였다. 회장님은 단순한 후원자가 아니었다. 원력을 세운 이상 직접 국제포교사로서 현장을 누비기 시작했다.

"한국 불교 세계화가 마지막 원력입니다"

"경남여고 3학년 때는 전국에서 네 명을 선발하는 영어 장학생에 뽑힐 정도로 영어를 잘했습니다. 영어에는 자신이 있었기 때문에 국제포교사가 되어 직접 발로 뛰어보자고 생각했어요. 원명 스님의 원력을 이어야 한다는 책임감도 있었습니다."

김성림 회장님은 한국 불교는 세계화될 수 있는 조건을 충분히 갖추었다고 강조했다.

"불교가 번성한 여러 나라를 보면 한국 불교만큼 세계에 전하기 쉬운 것이 없습니다. 아시아에서 불교가 노년기라면 유럽이나 미국에서는 이제 청년기입니다. 많은 것을 흡수할 수 있는 유럽과 미국 시민에게 불교를 전하는 것은 우리의 권리이자 의무입니다. 먼저 해외 포교에 나선 티베트 불교나 일본 불교만큼 우리 한국 불교도 충분히 해낼 수 있다고 생각합니다."

회장님은 우선 한국에 거주하는 외국인 포교부터 시작하겠다는 계획을 밝혔다. 특히 국내에 많이 들어와 있는 동남아시아 불자들이 안정적으로 신행 활동을 할 수 있는 시스템이 시급하다고 했다.

"한국 불교가 이주 노동자를 제대로 보살피지 못하면서 기독교로 개종하는 사례가 급증하고 있어요. 개종한 사람이 자기 고향으로 가서 또 마을 전체를 개종시킵니다. 그래서 크고 작은 문제가 생기고 있어요. 지금부터라도 우리가 면밀하게 살펴야 합니다. 국제포교사회에서 진행하는 '어린이, 청소년 자타카 영어암송대회'는 물론이고 외국인 불자를 대상으로 한 '한국어 말하기 대회', 봄과 가을에 진행하는 '한국 문화 체험', 부처님오신날 연등회 때의 '연등 만들기' 등을 좀 더 내실 있게 진행하면서 차츰 포교의 영역을 해외로 넓혀 나갈 것입니다."

이와 같은 활동을 위해서는 다소 느슨해져 있는 국제포교사의 활동력을 배가하는 것이 중요하다고 회장님은 강조했다.

"국제포교사의 연령대가 상대적으로 조금 높습니다. 사회에서 왕성한 활동을 했던 분이 많아요. 그분들의 경험과 노하우가 국제 포교에 반영돼야 합니다. 이제 잠재력을 폭발시킬 때가 됐습니다. 하하."

성철 스님, 원명 스님의 국제 포교 유업(遺業)을 이어받은 김성림 회장님. 국제포교사회 부산 지부를 창립하고 (재)불심홍법원 발기인 및 이사, 부산불교신도회 수석 부회장, 조계종 중앙신도회 수석 부회장 등 재가 불자로서의 역할을 다하면서도 작지 않은 회사를 직접 운영하느라 눈코 뜰 새 없이 바쁘지만, 어느 것 하나 허투루 하는 것은 스스로 용납할 수 없다고 했다.

최근 다소 지지부진한 모습을 보였던 국제포교사회가 김성림 회장님과 함께 국내외에서 맹활약하는 모습을 기대해본다.

"백련암 불자는 모든 일에 최선을 다합니다. 국제포교사회에서도 백련암에서 기도할 때와 같은 마음으로 정성을 다하겠습니다." ❀

"한국 불교 세계화가 마지막 원력입니다"

국제포교사회가 연등국제선원 주지 혜달 스님 초청법회를 봉행하고 난 뒤 기념촬영 모습.

국제포교사회 김성림 회장

"스승 청화 큰스님 선양이 큰 숙제"

청화불교대학 **김영동 학장**

몇 번씩 읽게 되는 부처님 일대기나 선종 역사서를 볼 때마다 아난존자를 생각한다. 집안 형제였지만 부처님의 제자가 되어 평생 동안 부처님을 곁에서 모신 분이다. 부처님 곁에 있는 것만을 생각하면 엄청난 부러움이 밀려오지만, 다른 한편으로 보면 결코 쉽지 않았을 자리다.

불교 역사를 보면 위대한 스승을 모신 훌륭한 제자가 많이 있었다. 현대 한국 불교의 선지식(善知識)인 청화 스님의 가르침을 공부하면서 생각하고 기대했다. "분명 청화 스님에게도 아난과 같은 사람이 있었을 것"이라고 말이다. 수소문하기 시작했다. 청화 스님의 여러 제자 스님들에게 여쭈었다. 답은 똑같았다. 다만 스님이 아니라는 것이 부처님과는 달랐다. 청화 스님의 아난은 바로 청화불교대학 김영동(본정·本淨) 학장님이었다. 김영동 학장님은 광주 조선대학교 명예교수이기도 하다.

몇 년 전 서울 광륜사에서 만났던 당시 주지 무상 스님은 학장님을 '법사(法師)님'이라고 불렀다.

"법사님이 안 계셨더라면 큰스님의 생생한 육성이 대중에게 온전히 전달되기 어려웠을 것입니다. 뜨거운 신심과 열정으로 활동하시는 법사님의 원력이 그저 고맙기만 할 뿐입니다."

학장님은 2010년 대학에서 정년퇴임한 후 곡성 성륜사 청화불교대학과 서울 광륜사 청화불교대학에서 매주 토요일과 일요일에 '실상염불선'을 주제로 강의를 하고 있었다. 벌써 몇 년째 하는 강의다. 연락을 드린 즈음 광륜사에서 강의가 있다고 해서 바로 달려갔다.

일요일이었지만 강의실에는 50여 명의 불자가 자리를 잡고 있었다. 학장님은 손수 준비해온 강의 자료를 나눠준 뒤 대형 모니터를 켰다. 팔순을 앞두었지만 여느 젊은이 못지않게 컴퓨터를 다루면서 강의를 시작했다. 이날 학장님은 '반야심경'과 '연기법'에 대해 설명했다. 당연히 강의는 청화 스님의 가르침에 근거해 진행됐다.

강의가 끝나고 시간을 청했다. 집이 있는 광주로 내려가야 했지만, 학장님은 흔쾌히 자리를 허락했다.

'청화의 아난'인 이유

가까이 뵌 학장님은 너무 깨끗했다. 흡사 청화 스님처럼 맑고 밝았다. 학장님은 손사래를 쳤다. 청화 스님과 '감히' 비교되는 것을 '거부'했다. 그래서 본론으로 들어갔다. 가장 궁금한 것부터 확인해야 했다. 왜 '청화의 아난'으로 불리는지 알고 싶었다.

"스승 청화 큰스님 선양이 큰 숙제"

🌊 김영동 학장님이 강의를 하고 있다.

🌊 김영동 학장님이 원력으로 발행하고 있는 잡지 〈마음의 고향〉.

🌿 1995년 담양에서 대중들과 함께 한 모습. 두번째 줄 맨 왼쪽이 김 학장님이다.
청화 스님 왼쪽은 절친한 도반 금산 스님이다.

🌿 1998년 4월 장흥 탑산사에서의 모습. 앞줄 왼쪽에서 두번째가 김영동 학장님이다.
뒷줄 왼쪽부터 대주 스님, 청화 스님, 성초 스님.

"스승 청화 큰스님 선양이 큰 숙제"

"제가 일을 하다 보니 큰스님의 자료를 많이 모으게 됐습니다. 종류별로 정리하면 몇 가지가 되는데, 첫 번째는 큰스님의 음성 파일입니다. 한 시간 분량의 법문 파일이 700개 정도 있습니다. 그다음으로 영상 파일이 200개 정도 됩니다. 세 번째는 큰스님의 친필 노트입니다. 큰스님께서는 일상생활을 하실 때 많은 메모를 하셨습니다. 경전이나 책을 보실 때도 메모를 했고 또 수행 중에도 생각나는 것을 틈틈이 정리하셨습니다. 지금 일반인이 쓰는 큰 다이어리로 열두 권 좀 더 됩니다. 특히나 이 노트에는 큰스님의 법문과 사상이 고스란히 담겼다고 해도 과언이 아닙니다.

그리고 네 번째로 큰스님의 각종 붓글씨 휘호와 큰스님의 사진입니다. 또 각종 언론에 소개됐던 큰스님 관련 기사도 함께 모았습니다. 이렇게 보면 크게 네 종류로 큰스님의 자료를 모은 셈입니다."

학장님이 청화 스님의 자료를 모으면서 가장 중요하게 생각한 것은 '가공하지 않는 것'이다. '손을 대다 보면 청화 큰스님의 가르침이 왜곡될 수 있기 때문'이다.

이렇게 자료를 축적한 학장님은 이를 다시 사람들과 나누기 시작했다. 1992년부터 청화 스님의 법문을 풀어 『마음의 고향』이라는 소책자를 발간하고 있다. 격월간으로 발행되는 『마음의 고향』에는 청화 스님의 법문 두 개가 실린다. 경제 사정 등이 좋지 않아 정기적으로 발행하지 못한 때도 있었지만, 책을 찾는 불자를 위해 계속 선보이고 있다.

학장님은 자료를 활용해 법어집으로도 펴냈다. 대표적인 것이 청화 스님 열반 10주기를 기념해 나온 『실상염불선』이다.

"『실상염불선』 역시 온전히 큰스님의 법어로만 구성했습니다. 불타관,

반야바라밀, 참선, 염불선, 순선안심법문, 심성과 법계, 중국 불교의 교관, 수도의 위차, 금강심론 설법, 현상과 본체, 계율론 등으로 나눠 큰스님의 법문을 정리했습니다. 큰스님의 핵심 사상이 잘 들어 있으니 꼭 탐독하시면 좋겠습니다."

그렇다면 학장님은 어떤 계기로 청화 스님의 자료를 모으게 됐을까?

"제가 대학에서 강의를 40여 년 하면서 느낀 것 중 하나가, 대학은 진리를 탐구하는 공간이 되어야 한다는 것입니다. 그런데 학생들은 눈앞에 닥친 취업 문제에만 골몰해 있었고, 저는 지식 전달자로 전락한 자신을 발견했습니다. 저 역시 제자들의 취업을 외면할 수 없었고요.

그러던 중 큰스님의 설법을 들으면서 눈이 열렸습니다. 큰스님께서는 불교는 물론이고 철학과 과학 등 여러 분야에 걸쳐 쉬운 말로 우리가 근본적으로 추구해야 할 진리를 말씀하셨습니다. 큰스님의 법문을 듣고 '산(山)에 진리가 있다'는 확신을 하게 됐습니다. 그래서 본격적으로 큰스님의 자료를 수집하고 정리하기 시작했습니다."

김영동 학장님은 이렇게 마련한 수많은 자료를 원하는 사람은 누구나와서 볼 수 있도록 열린 공간을 따로 마련해 올렸다. 일반 컴퓨터에서는 IP: mujuch.asuscomm,com, ID: chunghwa, PW: ch1367로 검색하면 되고, 학장님이 정리한 청화 스님의 모든 영상 자료는 유튜브에서 '본정 김영동 청화 큰스님'을 검색하면 모두 볼 수 있다.

청화 스님이 남긴 법어 중 가장 기억에 남는 것을 꼽아달라고 하자 학장님은 주저 없이 답변했다.

"중요하지 않은 게 없습니다. 큰스님께서 당신의 체험을 바탕으로 세세

"스승 청화 큰스님 선양이 큰 숙제"

하게 말씀하셨기 때문에 공부하는 이들에게는 소중한 밑거름이 될 것입니다. 제가 소중하게 생각하는 자료는 큰스님께서 곡성 태안사 3년 결사를 하시기 전인 1985년 여름 4박 5일간의 용맹정진 때 하신 법문입니다. 당시 큰스님께서는 하루에 한 번씩 대중을 위해 설법을 하셨는데, 참선 수행의 핵심을 다 알려주셨습니다. 이 법문을 정리한 것이 바로 『청화 스님의 참선 공부법』이며, 자막 처리를 해서 유튜브에도 올렸습니다.

하나를 더 꼽자면 큰스님께서 1991년 불교방송(BBS)에서 하신 법문입니다. 저도 큰스님을 모시고 올라와 서울 마포의 불교방송 법당에서 법문을 직접 들었는데, 평소 눈물이 없는 제가 펑펑 울었던 기억이 납니다. 정말 감동적인 법문이었죠. 저 혼자 듣기에는 너무 아쉬워 나중에 『영생 해탈의 길』이라는 소책자로 만들어 주변의 도반에게 나눠줬습니다.”

학장님은 이렇게 '청화 스님의 아난'이 되어갔다. 청화 스님의 법문을 수없이 반복해서 듣고 또 그 내용을 도반에게 전하게 되면서 학장님은 자연스럽게 '메신저'가 된 것이다.

마음의 평화를 찾아서⋯⋯

여기서 더 궁금해졌다. 학장님은 청화 스님을 어떻게 만나게 됐을까? 그 과정은 시대적 아픔과 개인의 발원이 결합된 결과였다.

“제가 광주 조선대학에서 강의를 하던 중인 1980년 광주민주화운동이 일어났습니다. 국가의 폭력에 수없이 많은 시민과 학생이 희생됐습니다. 광주민주화운동의 여파는 저에게도 왔습니다. (학장님은 자세한 사정은

082

"스승 청화 큰스님 선양이 큰 숙제"

김영동 학장님이 청화 스님에게 처음 인사를 드린 대안사 해회당.

청화불교대학 김영동 학장

말씀하지 않으셨다.) 학내 문제가 얽히면서 1981년 학교에서 해직됐습니다. 하루아침에 학교를 나오게 되면서 정신적으로 많이 힘들었습니다. 다행히 주변의 도움으로 밥을 굶지는 않았지만, 많이 힘든 시기였습니다.

그러다 광주에서 청화 큰스님의 가르침을 공부하는 모임인 '금륜회'를 만났습니다. 1985년의 일입니다. 매주 토요일이면 모임에 나가 꾸준히 공부했습니다. 그 인연이 이어져서 1986년 말 태안사로 큰스님을 뵈러 갔습니다. 당시 큰스님께서 한 달에 한 번 법문을 하셨거든요."

태안사에서 듣게 된 법문은 환희 그 자체였다. 크지 않은 방에 앉을 곳이 없어 적잖은 사람이 마루에 몸을 의지했고 또 마당에 앉아서 법문을 들었다. 엄동설한의 추위도 장애가 되지 않았다. 처음 청화 스님을 만났을 때의 느낌은 어땠을까?

"큰스님께서 법문을 하신 장소가 해회당(海會堂)이었는데, 처음 친견했을 때의 기억은 별로 없습니다. 너무 많은 사람이 있어서 제가 그 기운을 감당하지 못했던 것 같아요. 하하.

그 후에도 계속해서 대중과 함께 큰스님의 법문을 들었습니다. 그러다 1987년 여름에 태안사의 큰스님 토굴에서 처음으로 '개인적' 친견을 했습니다. 삼배를 올리려 절을 하는데 1배를 하고 나니 큰스님께서 손을 잡아주시며 '앉으세요'라고 하셔서 절도 제대로 하지 못했습니다. 금륜회 회장님과 함께 갔는데 그때 역시 잔뜩 긴장을 했나 봅니다. 그간 법문을 들으면서 여쭈어보고 싶었던 질문을 10여 개 정도 메모해 갔는데, 그 메모지는 꺼내지도 못했으니까요. 하하.

그렇게 큰스님과 금륜회 회장님의 말씀을 듣다가 시간이 되어 자리를

"스승 청화 큰스님 선양이 큰 숙제"

나왔습니다. 밖으로 나와 신발을 신으려는데 큰스님께서 한 말씀 하십니다. '아공(我空)과 법공(法空)이 되어야 참선이 됩니다.' 그때는 큰스님의 그 말씀이 무슨 뜻인지도 몰랐죠. '네! 알겠습니다'라고 대답만 했습니다.

지금 생각해보면 큰스님께서 제가 긴장하고 있고 또 무엇을 받아들이기에는 마음이 비워지지 않았다는 것을 아시고 만남이 끝날 때쯤 가볍지만 무겁게 화두 아닌 화두를 던지신 것 같습니다. 결정적 순간에 망치로 제 머리를 치는 것 같은 말씀이었습니다."

청화 스님을 한 번 친견하게 되자 그 후에는 만날 기회가 점차 많아졌다. 그렇게 학장님의 공부는 무르익어갔다. 광주 지역의 교수 불자들과 함께한 수련회에서 학장님은 청화 스님으로부터 '本淨(본정)'이라는 법명도 받았다. 1993년에는 금륜회 출신 청화 스님 상좌스님의 주선으로 정식 유발상좌가 됐다.

우리 시대의 진정한 선지식

학장님은 청화 스님에 대해 알 수 있는 여러 일화를 계속 전해줬다. 청화 스님과 학장님의 대화는 공안집에 등장하는 조사들의 그것과 다르지 않았다.

"1988년에 복직을 하고 일본과 미국에서 각각 6개월씩 연수를 했습니다. 2000년에는 미국에 다녀왔는데, 돌아오니 큰스님께서 공양을 하자고 하십니다. 평소 절 밖에서는 공양을 잘 하지 않으시는데, 저를 밖에서 보자고 하셨습니다. 함께 차를 타고 가면서 제가 느닷없이 질문을 드렸어요.

청화불교대학 김영동 학장

'큰스님! 저 같은 사람도 금생에 깨달을 수 있을까요?'

제가 생각해도 어처구니없는 질문인데, 큰스님께서는 한참 뜸을 들이시더니 이렇게 말씀하십니다.

'모든 개념을 다 내려놓으시고 순수 직관으로 공부를 해보세요.'

깨달을 것이라는 말씀을 하지 않으셔서 조금 서운했지만, 그때부터 또 생각을 했습니다. 순수 직관이 무엇인지에 대해서 말입니다. 큰스님의 '순수 직관'이라는 말에는 철학적이고 과학적인 의미도 포함되어 있을 것입니다. 지금도 그 화두를 풀기 위해 노력하는데, 잘 안 됩니다. 화두는 개념이나 논리로 하면 안 되는데, 제가 공학을 공부하다 보니 자꾸 그쪽으로 사고가 흘러버려요. 아직도 저는 멀었습니다. 하하."

학장님이 생각할 때 청화 스님의 가장 큰 업적은 무엇일까? 학장님의 눈빛이 진지해지기 시작했다.

"수행법 측면에서 보면 큰스님께서는 화두선 일변도의 한국 선 풍토에서 선오후수의 제법실상 지혜와 서릿발 같은 청정 계율로 금타 대화상님의 '보리방편문(菩提方便門)'에 준거, 참 나의 이름인 아미타불 염불선이 바로 본증묘수(本證妙修)의 수행법임을 말씀하셨습니다.

또 방대한 팔만대장경 속에 숨어 있는 정통 불법을 냉철하게 재조명해서 모든 교리와 선지를 회통해 원통불법(圓通佛法)으로 정립하셔서 정통선(正統禪)을 재천명하셨어요.

곡성 태안사에서 눈 밝은 스님 30여 명을 모아 3년 결사를 하셨고, 곡성 성륜사와 서울 광륜사를 창건하셨습니다. 특히나 미국에 삼보사와 금강선원을 개원해 한국 불교사상 미주에서 최초로 3년 결사를 하셨습니다.

청화 스님이 3년 결사를 진행한 곡성 태안사 모습.

청화불교대학 김영동 학장

큰스님이야말로 순선시대의 정통선을 현대에 다시 빛나게 하신 분이 아닌가 생각합니다."

학장님은 여러 일화를 통해 청화 스님의 진면목을 전달했다. 아난이 아니면 부처님의 말씀을 제대로 전하지 못했을 것처럼 말이다. 그러면서 당신의 원력을 다시 강조했다.

"저에게 큰스님은 '은부사(恩父師)'입니다. 은혜를 주신 아버지이자 스승이십니다. 대중적으로 보자면 큰스님은 확철대오(廓撤大悟) 한 성자입니다. 석가모니 부처님에 이은 용수 보살이 제2의 석가모니 부처님이라고 한다면 큰스님은 제3의 석가모니 부처님이 아닐까 하는 생각이 들 정도입니다.

큰스님께서는 진리 외에는 말씀을 하지 않으셨습니다. 저도 그 점을 닮으려고 노력하는데 천분의 일, 만분의 일도 할 수가 없습니다.

큰스님께서 열반에 드실 때 '차세타세간 거래불상관 몽은대천계 보은한세간(此世他世間 去來不相關 蒙恩大千界 報恩恨細澗, 이 세상 저 세상 오고가는 것은 상관하지 않으나, 입은 은혜 대천계만큼 큰데, 베푼 은혜 작은 시냇물 같음을 한스러워할 뿐이다)'이라는 임종게를 남기셨습니다. 생사윤회는 상관치 않으나 세상에서 입은 불은(佛恩)이 대천계만큼 큰데 베풀고 가는 것이 너무 적어 한스럽다는 말씀입니다.

그리고 또 친필 노트에 깨알같이 사세(辭世) 게송을 남기셨는데, '아시본불성 삼계원청정 원무생사고 염연유대천(我是本佛性 三界源淸淨 元無生死苦 恬然遊大千, 내가 바로 본래 불성이요 삼계가 근원이 원래 청정하거니 생사의 고통이 어디에 있겠는가. 활연히 삼천대천세계를 떠돌며 중생 구제의 서원을 실현하고자 한다)'이라고 하셨습니다.

　제가 얼마나 더 큰스님의 가르침을 전하게 될지는 모르겠습니다. 그래도 이번 생에 받은 큰스님 은혜를 조금이라도 갚을 수 있도록 더욱 열심히 노력하겠습니다." ✿

청화불교대학 김영동 학장

"모든 사람이 부처님 되기를 서원합니다"

서울 진관사 주지 계호 스님

서울시 은평구를 달렸다. 3·1운동 100주년을 앞두고 있어서인지 거리에 걸려 있는 '진관사 태극기'가 마음속에서 더 펄럭인다. 번잡한 도심을 벗어나 경기도 고양시 쪽으로 달리다 보니 아기자기 모여 있는 한옥이 눈에 들어온다. 차에서 내려 발걸음을 진관사 쪽으로 돌렸다. 절 입구까지 1킬로미터가량 되는 길의 이름은 '백초월길'. 일제강점기 조국의 독립을 위해 헌신한 초월 스님의 법명을 딴 길이다. 그 옛날 진관사는 그야말로 산중의 절이었을 터. 초월 스님을 비롯한 선지식은 이 길을 오르내리며 중생의 진정한 해방을 발원했을 것이다.

진관사가 가까워질 때쯤 우뚝 서 있는 비(碑)가 눈에 들어왔다.

삼각산(三角山) 마루에 새벽빛 비칠제
네 보앗냐 보아 그리던 태극기를

네가 보앗나냐 죽온 줄 알앗던

우리 태극기를 오늘 다시 보앗네

자유의 바람에 태극기 날니네

이천만 동포야 만세를 불러라

다시 산 태극기를 위해 만세 만세

다시 산 대한국(大韓國)

🐚 진관사 입구의 '태극기' 시비.

"모든 사람이 부처님 되기를 서원합니다"

2011년 제막된 이 비에는 태극기와 《독립신문(獨立新聞)》(30호)에 실린 시 〈태극기〉의 일부가 새겨져 있다. 국립공원관리공단의 후원으로 들어선 '진관사 태극기 비'는 높이 270센티미터, 너비 350센티미터의 자연석으로 조성됐다.

글자 한자 한자를 눈과 마음에 담고 다시 진관사로 향했다. 북한산 자락에 자리한 진관사는 비구니스님이 주석하는 도량답게 아담하면서도 정갈했다. 대웅전에서 이어지는 대중의 천일기도 역시 여법(如法)했다.

호국불교와 독립운동의 성지

쉴 새 없는 일정을 소화하고 있는 진관사 주지 계호 스님의 방문을 두드렸다. 자비로운 스님의 미소는 여전했다. 3·1운동 100주년을 앞두고 '진관사 태극기'에 대해 먼저 여쭈어보지 않을 수 없었다.

"2009년 5월 26일 오전 9시경 칠성각을 보수하던 현장에서 연락이 왔어요. 벽을 뜯었는데 한지에 쌓인 보퉁이가 나왔다고 해서 급히 달려갔습니다. 대중과 함께 보퉁이를 조심스럽게 풀었습니다. 보자기처럼 보인 것은 귀퉁이가 불에 타고 군데군데 얼룩이 있어 몹시 낡았지만 분명 태극기였습니다. 크기는 가로 89센티미터, 세로 70센티미터였고, 태극의 지름은 32센티미터였어요."

진관사 태극기는 일장기 위에 덧그려져 독립 의지를 담았기에 그 의미가 더 컸다. 태극기 안에는 1919년 3·1운동 직후의 《조선독립신문(朝鮮獨立新聞)》32호 등 5점, 《자유신종보(自由晨鍾報)》6점, 상하이 임시정부 기관지 《독립신문》 4점, 단재 신채호가 상하이에서 발행한 《신대한(新大韓)》 3점, 민족을 배반하고 부역하는 친일파를 준엄하게 꾸짖는 〈경고문〉 등이 들어 있었다.

"태극기를 보면서 온몸에 소름이 돋았습니다. 또 독립의 열망을 담았던 20여 점의 자료 역시 놀라웠어요. 사실 진관사는 한국전쟁 때 대웅전을 비롯한 대부분의 전각이 소실되고 칠성각 등 일부 전각만 남아 있었거든요. 만약 칠성각마저 전쟁으로 불탔다면 초월 스님의 염원은 알려지지 못했을 것입니다. 부처님의 법(法)과 초월 스님의 원력이 만든 기적으로밖에 설명할 수 없습니다. 저에게는 특히 초월 스님의 독립 열망과 속가 할아버지의 독립 의지가 함께 다가왔습니다."

잘 알려지지 않았지만 사실 스님의 속가도 독립운동가 집안이다. 할아버지를 비롯한 집안어른들이 독립운동에 투신했다가 온갖 고초를 겪었다. 어릴 때는 독립운동가 집안의 자손이라는 말을 당당하게 할 수 없었다. 안타깝게도 '사람들이 빨갱이 집안이라고 해코지할까 봐'서였다.

진관사 태극기는 그렇게 기적처럼 다가왔다. 태극기를 통해 진관사의 역사도 새롭게 조명됐다.

"일제강점기 당시 마포에는 진관사 포교당이 있었습니다. 마포포교당을 통해 독립운동 국내외 거점들과 연락을 했을 것으로 보이며, 임시정부의 불교계 연락 본부도 우리 진관사였을 것으로 보는 학자들의 연구 결과도 발표되고 있어요.

초월 스님은 특히 1921년 마포포교당을 근거로 활동하면서 일심교(一心教) 강령을 구상하셨습니다. 일심교는 『화엄경』에서 얻은 깨달음과 항

"모든 사람이 부처님 되기를 서원합니다"

🌀 발견 당시의 태극기 모습.

일운동 전략이 어우러진 결정체로, '일심만능 군교통일 세계평화(一心萬能 群敎統一 世界平和)'를 내세웠습니다. 일심교는 비밀결사조직인 일심회(一心會)의 토대가 됐고 진관사와 마포포교당이 그 중심이었습니다.

독립운동을 했던 만해 스님과 용성 스님을 따라가다 보면 초월 스님을 만날 수밖에 없습니다. 초월 스님은 20여 년간 체포와 투옥, 구금, 감시를 받았지만 항일운동 일선에서 벗어난 적이 없는 분입니다."

독립기념관이 1989년 발행한 『항일 의열 투쟁사』는 "불교계 승려의 독립투쟁 가운데서도 백초월은 한용운, 백용성의 활동에 뒤지지 않는 존재다. 항일독립운동에 걸출한 활동을 하다 옥사 순국한 세 사람의 의·열사

를 들 때 신채호, 김동삼과 함께 백초월을 넣는 이도 있다"라며 높이 평가
했다. 초월 스님과 인연이 있는 경상남도 고성과 함양군, 서울 은평구의
세 지자체는 합동으로 스님을 기리는 선양 사업을 진행하고 있다.

계호 스님은 "태극기가 발견된 2009년은 진관사 창건 999주년이 되는
해였습니다. 창건 1000년을 앞두고 부처님께서 진관사 대중과 국민에게
우리 역사를 다시 알게 하는 귀한 선물을 주셨다고 생각합니다"라며 "템
플스테이를 비롯한 어린이, 청소년 교육은 물론이고 각종 전시회 등 많은
사업을 통해 초월 스님의 애민애족(愛民愛族) 정신을 계승할 것"이라고
다짐했다.

자연과 문화가 살아 숨 쉬는 도량

초월 스님의 태극기를 비롯한 고귀한 독립운동 사료가 발견되면서 호
국 불교 성지로 거듭났지만 사실 진관사는 자연과 문화가 어우러지는
도량이기도 하다. 진관사가 자랑하는 첫 번째 문화 콘텐츠인 수륙재(水
陸齋)는 물과 육지에 있는 외로운 영혼을 달래기 위해 치르는 불교 의식
이다.

수륙재의 본래 명칭은 '천지명양수륙무차평등대재(天地冥陽水陸無遮
平等大齋)'로, 하늘과 땅(천지), 죽은 자와 산 자(명양), 물과 뭍(수륙)의
모든 존재가 차별 없는 큰 의식이라는 의미를 담고 있다. 대재를 통해 불
법(佛法)을 강설하고, 평등하게 공양을 베풀어 중생을 구제한다는 취지
를 갖고 있다. 줄여서 수륙회 또는 무차대회(無遮大會)라고도 한다.

"모든 사람이 부처님 되기를 서원합니다"

조선을 세운 태조 이성계는 여러 차례 진관사를 찾아 직접 참배했으며, 권근의 『진관사 수륙사 조성기』에는 태조가 59칸 규모의 수륙사(水陸社)를 진관사 경내에 지었다고 기록돼 있다. 진관사 수륙대재는 20세기 초반까지 설행되다, 한국전쟁을 거치면서 일시 중단됐다. 1977년 자운 스님과 진관 스님에 의해 복원되기 시작해 지금에 이른다.

국가무형문화재 제126호인 진관사 국행수륙재는 조선시대의 전통적 수륙재인 칠칠재(七七齋) 형식으로 낮에 지내는 낮재와 밤에 지내는 밤재의 2부 구성을 유일하게 전승하는 특징을 갖고 있다. 8월 중순에 시작해 10월 둘째 주 주말까지 계속된다.

계호 스님은 "칠칠재 기간에 진관사의 모든 대중은 대승불교 최고의 경전이라고 할 수 있는 『법화경』 독송 기도를 합니다"라며 "외롭고 슬픈 영가들은 부처님의 큰 자비의 힘에 의지하지 않고는 제도하기 어렵지요. 일체의 모든 존재와 소통하고 화합해 세계의 안정을 이루고 이고득락(離苦得樂)의 큰 기쁨을 함께 나누고자 하는 불교의 공동체적 가치관이 잘 드러나 있습니다"라고 설명한다.

계호 스님은 "수륙재는 작법, 의식, 범패, 지화, 사경 등을 망라한 '종합예술'의 성격을 지닌 불교 의례"라면서 "600년이 넘는 역사를 이어온 민족문화유산의 가치와 전통을 지키면서 스님과 불자뿐 아니라 국민이 함께하는 명실상부한 수륙재로 더욱 발전시켜 나갈 것"이라고 말했다.

한국 불교를 상징하는 또 다른 이름인 '사찰 음식' 역시 진관사의 자랑거리다. 2009년 산사음식연구소를 세워 연구와 교육을 병행해온 계호 스님은 2017년 9월 사찰 음식 '명장'으로 위촉됐다. 조계종은 사찰 음식의

"모든 사람이 부처님 되기를 서원합니다"

전승과 보존, 대중화에 탁월한 업적을 세운 스님을 명장으로 지정한다.

계호 스님은 사찰 음식의 세 가지 원칙을 청정, 유연, 여법으로 꼽았다. 제철에 난 채소를 냉장 보관하지 않은 청정한 상태에서 삶고 데쳐서 부드럽게 만들고, 마지막으로 부처님의 뜻에 맞추어 음식을 만들어야 한다는 것이다.

"수륙재 등 진관사의 다양한 의례 의식을 준비하다 보니 자연스럽게 사찰 음식을 연구하고 공부하게 됐습니다. 사찰 음식은 수행과 건강을 위하고 자연과 더불어 깨달음을 얻기 위한 '수행 음식'이며 모든 이의 공덕이 깃든 '공덕 음식'입니다."

스님은 매일 아침 20여 명의 진관사 대중과 함께 발우공양을 한다. 대중 생활의 기본을 지키기 위한 것도 있지만 함께 공양을 하며 사찰 음식의 소중함을 잊지 않기 위한 목적도 있다.

스님의 사찰 음식은 이미 세계적으로 소문이 났다. 한국을 방문하는 다른 나라의 주요 인사들은 사찰 음식을 먹기 위해 일부러 진관사를 찾는다. 버락 오바마 전 미국 대통령의 개인 요리사였던 샘 카스 전 백악관 부주방장은 계호 스님에게 콩국수와 오이물김치 만드는 법을 배우고 돌아가 국제적인 주목을 받았다. 또 세계적인 덴마크 레스토랑 '노마(Noma)'의 수석요리사 르네 레드제피를 비롯한 세계의 유명 요리사가 진관사에서 사찰 음식 조리법을 배워갔다.

"외국인 요리사는 자연적인 것을 좋아해요. 인위적인 음식은 좋아하지 않았어요. 사찰 음식은 자연 그대로를 담아내는 것이어서 아마 잘 통한 것 같습니다. 국내외에서 찾아오는 사람에게 우리의 전통 사찰 음식을 잘 전할 수 있도록 더 많은 준비를 할 것입니다."

"아름다운 스승, 진관 큰스님"

진관사를 명실상부한 서울 최고의 포교 도량으로 일군 계호 스님은 "오늘날의 진관사 불사는 모두 스승이신 진관 스님이 계셨기에 가능했습니다. 아직도 은사스님이 그립고 그립습니다"라고 마음을 전했다.

인홍 스님을 은사로 하여 출가한 진관 스님은 탄허 스님에게 경학(經學)을, 한암 스님에게는 참선을 배운 현대 한국 불교의 대표적인 비구니 선지식이다. 1963년 36세에 진관사 주지로 부임해 전쟁의 참화로 전소된 도량을 1965년 대웅전 낙성을 필두로 1980년까지 15년간 명부전, 나가원, 일주문, 동정각, 홍제루, 나한전, 요사채 등을 중창하는 등 천년고찰로서 진관사의 사격을 회복했다.

1977년에는 진관사 수륙재를 복원해 2014년 국가중요무형문화재 제126호로 지정되는 결정적 계기를 마련한 것은 물론, 진관사 부설 코끼리유치원과 사회복지법인 진관 무위원 설립과 함께 어린이·청소년 법회, 군법당 건립 및 경찰법당 불사 등에 앞장섰다.

"고등학생 시절 동해 묵호의 대원사 불교학생회에서 열심히 활동했습니다. 부처님과 불교가 너무 좋아 출가를 생각했어요. 탄허 큰스님께 출가 결심을 말씀드리니 '서울로 가 진관 스님을 모시고 출가하라'고 하셔서 이곳에 오게 됐습니다. 은사스님은 탄허 큰스님께서 인정하신 어른이었어요. 기차를 타고 청량리역으로 와 다시 택시를 잡아타고 이곳에 들어와 1968년 5월 출가를 했습니다. 출가 초기에는 탄허 큰스님께서 자주 오셔서『화엄경』을 연찬하셨고, 큰스님의 제자들도 자주 오셔서 공부했던 기억이 납니다."

진관 스님은 계호 스님을 끔찍이 아꼈다. 1978년 여름 계호 스님이 첫 안거를 나기 위해 대전 세등선원에 갈 때 진관 스님이 같이 방부를 들일 정도였다.

"은사스님께서는 신심(信心)을 바탕으로 평생 기도정진 하셨습니다. 우리 후학에게는 늘 중답게 살아야 하고 염불과 의식은 물론 참선 공부도 다 잘하는 팔방미인이 되어야 한다고 말씀하셨어요. 항상『법화경』,

스님의 사찰음식은 대중들에게 단연 인기가 많다.

🌀 진관사 대중스님들과 장을 맛보고 있는 모습.

"모든 사람이 부처님 되기를 서원합니다"

『금강경』,『보현행원품』을 독송하시며 소외되고 가난하고 아픈 이를 부처로 섬기는 보현보살의 행원을 수행의 근본으로 삼으시고 수행자의 위의를 굳건히 지키셨습니다."

2016년 7월 열반 직전 진관 스님은 계호 스님과 문도들을 불러 "계호 스님과 나는 세세생생의 인연이다. 계호 스님은 총무 법해 스님을 비롯한 진관사의 모든 대중을 잘 이끌어달라"라는 마지막 당부를 남겼다.

계호 스님은 진관 스님에 이어 2006년 5월부터 진관사 주지 소임을 맡고 있다. 스승 진관 스님이 1963년부터 대웅전과 명부전, 나한전에서 시작한 천일기도를 쉬지 않고 진행하는 것은 물론, 각종 수행 프로그램을 진행하며 이사(理事)의 모든 면을 따르려 한다.

"행(行)으로 모든 것을 보여주셨던 은사스님의 뜻을 이어받아 진관사에 오시는 모든 분이 부처님 되기를 서원하고 있습니다. 종교를 떠나 시민에게 마음의 정원이 되는 진관사가 되도록 더 노력하겠습니다."

사람들은 진관사를 '역사와 문화, 포교의 도량'이라고 한다. 또 마음의 정원이라고도 한다. 짧지 않은 시간 동안 계호 스님의 말씀을 듣다 보니 대중의 평가가 결코 틀리지 않다는 것을 실감할 수 있었다. ❀

"참선 포교도 충분히 가능합니다"

서울 공생선원장 무각 스님

언젠가 우연히 BBS 불교방송 〈지금은 수행시대〉를 들은 적이 있다. 자상하고 따뜻한 설명으로 청취자를 만나던 무각 스님은 간단한 주제 법문 후 불자와 즉문즉설을 주고받았다. 화두와 선에 대한 법문에서 소소한 일상의 고민까지 해결해주는 사이다 법문을 들었던 기억이다. 그 후로도 당연히 시간이 될 때마다 스님의 청량 법문을 청해 듣고 있다.

상쾌한 봄바람을 맞으며 도심을 달렸다. 서울시 도봉구 쌍문동의 대형 상가 건물 7층에 자리한 공생선원(共生禪院)은 여느 도심 포교당과 다르지 않았다. 100평이 조금 더 되는 선원 곳곳에서 불자들은 오순도순 이야기꽃을 피우고 있다. 오전 강의를 들은 사람에게는 휴식 시간이고 저녁 강의를 듣는 사람에게는 기다림과 설렘의 시간이다. 선원의 불자는 하나같이 밝은 표정이다.

법당 한편에 붙어 있는 "선은 이론이 아니라 체험이다"라는 글씨가 공생선원의 정체성을 확연히 드러내준다. 오직 선(禪)으로만 '승부'를 봐온 공생선원장 무각 스님의 방문을 두드렸다.

도심 한가운데 자리한 진짜 선원

무각 스님은 2002년 9월 공생선원 문을 열었다. '선에 대한 확신'으로 출가한 지 15년 만이었다. 공생선원 창건 인연을 좀 더 구체적으로 듣고 싶어졌다.

"제가 미국에서 참선 포교를 하다 귀국해 2000년도에 조계사에서 참선 반을 운영했습니다. 당시 주지였던 조계종 포교원장 지홍 큰스님께서 참선 포교를 해보자고 하셨어요.

처음에는 『금강경오가해(金剛經五家解)』 강의로 시작했습니다. 그중에서도 「야부송」을 가지고 법문했습니다. 그리고 실참도 병행했습니다. 조계사에서 소문이 나기 시작하면서 수강생이 450명까지 늘었습니다. 시간이 흐를수록 강의 장소가 협소해 조계사 곳곳을 돌아다니며 수업을 진행했습니다. 경내를 휩쓸고 다닌다고 대중스님들이 말씀하실 정도였습니다. 하하.

그때 확실하게 느꼈어요. 참선 공부에 목말라하는 대중이 많고 또 참선 수행이 도심 불자에게 충분히 통한다는 것을 말입니다. 그때 조계사에서는 '참선 바람이 분다'고 할 정도로 사람들이 높은 관심을 보였고 또 많이 참여했거든요. 그때의 경험과 힘으로 공생선원 문을 열게 된 것입니다."

당시 조계사에서는 '참선반 불자는 뭐가 달라도 다르다'는 칭찬이 자자

"참선 포교도 충분히 가능합니다"

할 정도로 신행과 수행, 기도에 열심이었다고 한다.

공생선원 문을 열고 스님은 제방의 선지식을 초청해 법회를 봉행했다. 고우, 통광, 혜거, 종범, 지환 스님 등 한국 불교를 대표하는 이들의 감로수 법문이 이어졌다. 무각 스님도 밤낮 없이 열심히 뛰었다.

스님은 이날도 오전 강의를 마치고 저녁 강의 준비를 하고 있었다. 하루도 빠짐없이 불자를 만나는 '살인적 스케줄'에도 스님의 표정에는 여유가 넘쳤다.

"힘든 점은 없습니다. 매일 하는 일이고, 해야 하는 일이어서 즐겁게 하고 있습니다."

스님의 일정표를 들여다봤다. 월요일은 BBS 불교방송 〈지금은 수행시

🌿 공생선원 법회.

🌿 공생선원 불자들에게 법문을 하고 있다.

"참선 포교도 충분히 가능합니다"

대〉 출연, 화요일 오전에는 선불교대학 심화 과정반과 저녁 참선반(『금강경삼가해』), 수요일 오전에는 참선 입문반과 저녁 선불교대학 입문 과정, 목요일에는 경전반(『금강경삼가해』), 토요일 오후에는 청년법회, 매주 일요일에는 가족참선법회(2·4주)와 『법구경』법회(1·3·5주), 초하루와 보름 법회, 매월 첫째 주 금요일부터 토요일까지는 철야참선정진 등의 일정이 빼곡하다.

이 가운데 특히 눈길을 끄는 것은 선불교대학 과정이다. 선불교대학은 공생선원의 간화선 전문 교육기관으로 체계적 교육과정을 통해 '간화선 정법' 이론과 실참을 같이 지도한다. '초심자를 위한 친절한 간화선', '참다운 바른 믿음', '유식과 선', '중도와 선', '조사 어록에서의 바른 안목' 등을 입문 과정에서 배울 수 있다. 심화 과정에서는 '간화선의 그 역사적 전개와 간화선 개관', '부처님 가르침과 간화선', '간화선 기초 수행', '화두의 결택과 참구', '조사 어록' 등을 배운다. 무각 스님과 원철 스님, 성진 스님, 석두 스님 등 차세대 선지식이 직접 지도에 나선다.

"집중 수행의 몰입을 통해 체험하게 되면 중도연기(中道緣起), 무아(無我), 공(空)을 터득하게 되고 타인에게도 길을 제시할 수 있는 능력과 지혜를 갖추게 됩니다. 선불교대학에서는 선사들의 간화선 수행 전통을 계승하여 지금 이 시대 생활 속에 살아 있는 참선 수행을 실천할 수 있도록 해줍니다. 법을 찾아 방황하는 불자님들을 지혜와 인격을 갖출 수 있는 행복한 간화선으로 안내하고자 합니다."

2018년 봄부터 시작한 선불교대학 강의가 열릴 때면 빈자리가 없을 정도로 법당은 사람들로 가득 찬다. 무각 스님은 "제대로 간화선을 가르칠

🌀 공생선원 법회 모습.

"참선 포교도 충분히 가능합니다"

것"이라고 강조했다.

"처음 선원 문을 열었을 때는 참선 입문반, 참선반, 경전반 등의 프로그램으로 불자를 만났습니다. 매주 화, 수, 목요일마다 강의를 했는데, 점차 사람들이 많아지면서 프로그램을 늘렸습니다. 지금은 제 상좌들이 조금씩 돕고 있어 한결 수월하게 하고 있습니다. 하하."

스님의 말씀을 들으며 선원 이름의 유래(?)가 궁금했다. '공생(共生)'과 '선(禪)'은 무슨 관계가 있을까? 스님이 '선과 공생', '선과 연기'를 계속 강조했기 때문이다.

"공생은 소통입니다. 소통이 되려면 '나'라는 고정관념을 내려놓으면 됩니다. 이게 불교의 핵심 공부 방법입니다. 나를 내려놓고 무아(無我)를 실천하면 됩니다. 본래 세상은 공생입니다. 남녀노소도 공생, 자연과 인간도 공생입니다. 조금 더 근본적으로 들어가면 생사(生死)도 공생입니다. 이와 같은 불교의 근본을 배우는 도량이 바로 공생선원입니다. 물론 함께 같이 잘 살자는 의미도 있습니다.

공생선원에서는 이 시대를 선도하는 불자를 키워낼 것입니다. 선원에서 배우고 실제로 체험한 부처님 가르침을 다른 사람에게도 널리 전하는 역할을 할 수 있는 인재를 배출해 내겠습니다."

무각 스님의 공부 신념과 이에 따른 가르침으로 신도는 폭발적으로 증가했다. 처음 개원했을 때는 50여 명에 불과했지만 지금은 500여 명으로 늘어났다. 각자 자기 수준에 맞는 강의를 듣고 수행을 해나간다. 공생선원에서 공부하던 청년 중 두 명이 스님의 상좌가 됐고 여덟 명의 여성은 제방으로 나아가 수행자의 삶을 살고 있다.

불교를 접하는 순간 출가 결심

스님이 오랜 시간 동안 선 포교에 집중해온 것은 출가 인연에서 그 이유를 찾을 수 있다. 스님의 출가 인연은 한 편의 드라마와 같았다.

전남 무안에서 사형제의 둘째로 태어난 스님은 공부를 잘했던 형제들과 달리 어려서부터 공부와는 담을 쌓고 살았다. 대학 진학도 남의 얘기일 뿐이었다. 스님은 "빛 하나 없는 뿌연 구름으로 뒤덮인 하늘이었다"라고 청춘 시절을 회고했다. 그러다 우연히 보게 된 불교 책을 읽는 순간 "구름 틈새로 내리비추는 햇살을 처음으로 보았다". 그 뒤 불서 100여 권을 순식간에 읽었다. 처음 해보는 독서다운 독서였다. 그제야 동국대학교 불교학과 입학이라는 목표가 생겼다. 불교학과에서 더 공부한 뒤 출가하고 싶었기 때문이다. 또래친구들은 이미 대학을 졸업한 나이였지만 믿을 수 없는 성적을 받게 되면서 목표로 했던 동국대학교에 입학할 수 있었다.

"불서를 보게 되어 불교를 조금 알 것 같은 그때 이미 출가를 생각했습니다. 진정한 자유를 찾을 수 있는 길이 출가에 있다는 확신이 들었어요. 동국대학교에 입학해 3학년까지 마치고 출가를 실행에 옮겼습니다. 곡성 태안사 청화 큰스님, 문경 봉암사 서암 큰스님, 인천 용화사 송담 큰스님 등을 찾아뵙고 가르침을 받았습니다. 그리고 마지막으로 찾은 어른이 안양 한마음선원의 대행 큰스님이었습니다. 대행 큰스님께서 저를 보자마자 '어떤 스님이 되고 싶어? 염불하는 스님도 있고 경(經)을 공부하고 가르치는 강사스님도 있고 참선하는 스님도 있는데, 어떤 스님이 될 거야?'라고 물으셨어요. 그래서 저는 주저 없이 '당연히 참선하는 스님 되려고 합

"참선 포교도 충분히 가능합니다"

니다'라고 말씀드렸습니다. 그랬더니 '열심히 정진해서 훌륭한 수행자가 되어야 한다'고 격려를 해주셨습니다."

무각 스님은 서울 금강선원장 혜거 스님을 은사로 모시고 출가 수행자의 길을 걷기 시작했다.

"출가 전부터 오대산 도인이라고 칭송받던 한암 스님이 그렇게 멋있어 보였어요. 그 어른의 모든 것을 닮고 싶었죠. 그런데 결국 돌고 돌아 한암 스님 문중으로 출가를 했습니다. 그때 정말 인연이라는 것이 따로 있다는 생각을 하게 됐어요. 하하."

스님은 출가 이후 '계획과 달리' 온갖 번뇌와 망상이 밀려들어 이를 잠재우기 위해 6개월 내내 절의 계단만 닦기도 했다.

"행자 때 계단 닦는 것으로 공부했습니다. 날마다 엎드려 수 개월간 계단 끝부분 구리로 된 신주를 청소했습니다. 워낙 때가 덕지덕지 붙어서 처음에는 철 수세미로 닦았습니다. 때가 잘 지워지지 않아 하루에 계단 두 개밖에 못 닦았어요. 계단을 모두 닦는 데 여섯 달이 넘게 걸렸습니다.

아래까지 모두 닦고 나니 위에 또다시 녹이 슬어 있어요. 하지만 그때부터는 철 수세미가 필요 없었습니다. 파란 수세미에 광약을 묻혀서 힘주어서 닦고, 다음에는 거친 헝겊으로, 마지막에 부드러운 융으로 닦았습니다. 광약을 살짝 묻혀서 두 번만 닦으면 깨끗해졌습니다. 그다음에는 며칠이 지나도 얼룩만 조금 남아 있고, 녹슬지 않고 반짝반짝합니다.

이게 바로 마음 닦는 얘기입니다. 처음에는 잘 안 닦이죠. 경계가 크게 오는 것은 업장이 두꺼워 계단에 때가 덕지덕지 붙은 것과 같습니다."

그렇게 공부를 이어가던 어느 날 부처님께 삼배를 올리다 절을 받는 이와 절하는 이가 둘이 아님을 '보았다'고 한다. 그때부터 무자화두(無字話頭) 공부에 더 진력했다.

미국에서 참선 포교를 하고 서울 도심 사찰과 공생선원에서 참선을 지도하던 무각 스님은 법랍 15년 이상 된 중진스님들의 공부 모임인 경전연구회를 7년간 이끌기도 했다. 경전연구회는 2005년부터 10여 년간 한국의 대표적 선사인 고우, 무비, 지안, 통광, 혜거 스님 등을 초청해 법문을 들으며 수행 공부 바람을 일으켰다.

"선불교대학 전국에 열고 싶어"

선(禪)과 교(敎)를 겸비한 무각 스님의 공부 열정은 두 권의 책 출간으로 이어졌다. 2011년 나온『그대 삶이 경전이다』는『금강경』해설서다. 무각 스님은 2000년부터 조계사 참선반에서 행한『금강경』강의를 시작으로 불광사 불광선원, 공생선원에서 수차례 '선으로 본『금강경』'을 강의했다. 또《불교신문》에서 매주 '신(新)『금강경』'을 연재했다. 책은 이를 바탕으로 엮은 것이다.

무각 스님은『금강경오가해』중 야부 스님의 송(頌)을 중심으로 하나하나 철학적인 명제를 따라『금강경』을 읽어 나간다.『금강경』에 붙인 게송을『금강경』원문과 해설 뒤에 붙여놓고 해설하는 방식이다. 스님은 책을 쓸 때 처음부터 끝까지 '선'을 집필 원칙으로 삼았다.

무각 스님은『금강경』의 핵심이 '응당 어떻게 머무는가(應云何住)'와 '어떻게 그 마음을 항복받으오리까(云何降伏其心)'라는 두 구절에 있다고

🍃 선불교대학 입학식 후 기념촬영.

🍃 수계법회에서 불자들에게 연비를 해 주고 있는 무각 스님.

서울 공생선원장 무각 스님

말했다.

"우리는 늘 본래자리에 머물러야 합니다. 그리고 본래자리, 성품자리로 돌아가기 위해서는 항상 둘 아니게 놓고 가야 분별심과 망상을 항복받을 수 있습니다. 선악과 남녀, 옳고 그름 등 모든 것이 다 한 곳에서 나왔기 때문에 다시 그 밝음으로 돌아가야 해요."

또 다른 책은 2018년 출판된 참선 지침서『선은 이론이 아니라 체험이다』다. 공생선원에서 무각 스님이 '일상 속에서의 수행'이라는 제목으로 여섯 달 동안 법문한 내용을 정리해 엮은 책이다. 스님은 이 책을 통해 선이 무엇이고, 왜 참선을 해야 하는지 등을 일러주며 공부의 기틀을 잡아준다. 그러면서도 "공부를 할 때는 이론적인 지식도 중요하지만 그 무엇보다 집중해 몰입해야 한다"라며 스스로 체험하는 것이 중요함을 일깨워준다.

"생활을 떠나서 불교가 존재할 수 없으니, 생활 속에서 실천하는 것을 수행으로 삼아야 합니다. 삶을 떠나서 진리가 따로 존재할 수 없으니 우리의 삶 그대로가 불교의 위대한 가르침입니다. 우리의 삶이 그대로 진리의 표현임을 깨달아가야 합니다. 내가 불 하나를 켜면, 나뿐만 아니라 주변 사람도 모두 밝게 삽니다."

무각 스님은 공생선원의 선불교대학을 전국 곳곳의 사찰에 프랜차이즈 가게처럼 개설하고 싶다는 뜻을 전했다. 그만큼 우리에게는 선이 절실하기 때문이다. 스님의 원력은 머지않아 실현될 것이라는 확신이 들었다. 스님이 다시 강조하는 선이 귓전을 맴돈다.

"선을 하는 데는 종교라는 말도 불교라는 말도 필요 없습니다. 종교인일 필요도 없어요. 모든 사람이 추구하는 것이 무엇입니까? 그것은 '대자유'와 '완전한 행복'입니다. 이를 불교적 용어로 바꾸면 해탈과 열반이지만, 그조차 군더더기입니다. 선은 모든 군더더기를 떼어내고 대자유와 완전한 행복에만 오로지 매진하는 것입니다." ❀

"수행과 포교는 우리의 숙명"

평창 월정사 주지 정념 스님

   지금도 많은 사람에게 질문과 요청을 받는다. "한국 불교의 미래는 어디서 찾아야 할까?" "여법한 사부대중 공동체가 있으면 소개해줘요." "마음 편히 쉬고 올 수 있는 도량 좀 추천해주라." 한국 불교의 현실과 미래를 논하는 어떤 자리에서도 주저 없이 말해왔다. "월정사가 있는 오대산으로 가보라"라고 말이다. 오대산이라고 하는 자연 환경뿐만 아니라 부처님 가르침을 현대적으로 구현해낸 수많은 프로그램이 365일 운영되고 있는 월정사는 그야말로 성지(聖地) 중의 성지다.

   월정사와 오대산이 한국 불교를 대표하는 명소로 자리 잡은 것은 주지 정념 스님의 신심(信心)과 원력(願力), 실천행(實踐行) 덕분이라고 해도 과언이 아니다. 정념 스님은 1980년 탄허 스님의 전법 제자인 만화희찬 스님을 은사로 출가, 수계했다. 중앙승가대학교를 졸업한 뒤, 1992년 오대산 상원사 주지를 맡아서 대중 교화를 시작했고, 현재까지 제4교구 본

🌿 오대산 월정사 전경.

사인 월정사를 이끌면서 한국 불교의 위상을 공고히 하고 있다.

2004년 월정사 주지를 맡아 '단기출가학교'를 비롯한 수많은 수행, 포교 프로그램을 만들어 대중에게 제공해왔다. 출가학교는 지금까지 3000명이 넘는 수료생을 배출했고, 그 가운데 300여 명이 수행자가 됐다. '출가자 급감'이라는 불교 현실을 역행하고 있는 것이다. 2018년부터는 '자연명상마을'을 열어 사람들에게 휴식과 힐링의 공간을 제공하고 있다. 이

"수행과 포교는 우리의 숙명"

역시 '불자 급감'이라는 현실과 동떨어진 이야기다. 사시사철 이어지는 문화 프로그램으로 오대산은 언제나 북적인다.

　포교는 물론 대중의 수행을 중시하는 정념 스님은 상원사 청량선원을 복원했고, 2008년에는 월정사에 만월선원을 개원했다. 2019년 하안거 때도 오대산 북대 상왕선원을 열었다. 또 일반인이 정진할 수 있는 문수선원과 동림선원도 열었다. 기존의 비구니스님 선원인 지장암 기린선원까지 합해 오대산에만 모두 여섯 개의 출·재가 선원이 운영되고 있다. 안거가 시작되면 100명이 넘는 수행자가 정진하는, 여느 총림에서도 보기 힘든 수행 열기다. 주지 소임을 맡으면서도 거의 모든 안거에 동참해온 정념 스님의 정진 열정을 다시금 확인할 수 있는 대목이다.

"한국 불교의 미래를 찾아서……"

눈부신 봄날, 오대산으로 향했다. 새로 개원한 월정사 성보박물관과 자연명상마을을 지나 오대산의 품안으로 들어갔다. 전나무 숲길을 따라 찬찬히 걸으니 극락세계가 따로 없다. 흙길 위에 서 있는 것 자체가 행복이다.

오대산에는 소나무가 없다. 전설에 따르면 고려의 도인으로 이름났던 나옹 스님이 오대산에서 정진할 때 발우에 음식을 담아 가던 중 그 위로 소나무에 쌓인 눈이 떨어졌다고 한다. 수행자의 공양에 큰 누를 끼친 것이다. 평소 나옹 스님을 존경해왔던 오대산 산신령이 그 소식을 듣고 노해서 소나무를 쫓아냈기 때문에 오대산에는 소나무가 없다고 한다.

내친 김에 부처님 진신사리가 모셔진 적멸보궁(寂滅寶宮)으로 발걸음을 옮겼다. 여러 번 참배를 했지만, 올 때마다 새로운 곳이 오대산 적멸보궁이다. '고산제일월정사(高山第一月精寺)'라는 말이 전해질 정도로 적멸보궁은 천하의 명당이다. 신심이 샘솟지 않을 수 없다.

산에서 내려오다 상원사에도 들렀다. 선원 기둥에 적혀 있는 한암 스님의 주련 글씨 '문수하독재청량(文殊何獨在淸凉)'이 눈에 들어온다. "문수

🙏 대중들과 함께 오대산을 걷고 있는 모습.

보살이 어찌 청량산(오대산)에만 있겠는가"라는 한암 스님의 할과 방을 마음에 담아 월정사로 들어갔다.

부처님 오심을 찬탄하는 형형색색의 연등 아래서 만난 정념 스님은 여전했다. 10여 년 전부터 여기저기서 인사를 드렸는데 맑고 밝은 기운은 전과 다름없었다. 스님은 오대산에 대한 설명부터 시작했다.

"오대산은 청량산이라고도 합니다. 맑고 시원하다는 뜻의 청량산입니다. 안으로 들어와 보니 맑고 시원한 기운이 느껴지십니까? 하하.

오대산은 개산조인 자장 율사와 탄허 큰스님에 의해 화엄사상을 꽃피운 성지입니다. 화엄사상은 극미한 세계로부터 저 광대무변한 우주까지를 하나로 아우릅니다. 시간적으로는 과거, 현재, 미래의 삼세(三世)를 두루 소통시키며 공간적으로도 온 세계를 일관할 수 있는 위대한 사상입니다. 화엄의 핵심은 '명일심통만법(明一心通萬法)', 즉 '한 마음을 밝혀 모든 것을 통하게 한다는 것'입니다. 한 마음이 밝으면 전 우주가 화평하고 화락하다는 것, 이것이 바로 화엄이 말하는 행복론인 동시에 모든 존재의 개별적 특성을 배제하지 않는 본래 완성인 것입니다.

지금 부처님이 오신다면 아마 화엄 세상을 만들려고 오실 겁니다. '화엄'은 온갖 꽃으로 세상을 장엄하게 장식한다는 '잡화엄식(雜華嚴飾)'에서 나온 말입니다. 온 세상이 꽃밭이 되는 세상, 모두가 꽃인 세상, 크고 작은 온갖 꽃으로 가득한 세상 말입니다. 이 반목과 갈등의 세상에 유일한 답이 불교이고, 그중에서도 화엄 사상이 핵심 아닐까요."

정념 스님은 오대산을 화엄 사상으로 풀어 설명했다. 문수 성지 오대산은 앞서 전한 것처럼 다양한 이야기를 품고 있었다.

"수행과 포교는 우리의 숙명"

꽃 정념 스님이 오대산 중대 사자암 법회에서 법문을 하고 있다.

꽃 월정사의 대표적 히트상품인 단기출가학교에 입학한 불자에게 삭발을 해주는 정념 스님.

 매 안거 빠지지 않고 선원에서 정진하는 정념 스님.

"수행과 포교는 우리의 숙명"

"오대산은 조계종 초대 종정 한암 큰스님과 탄허 큰스님으로 이어지는 법통을 가지고 있습니다. 저는 특히 탄허 큰스님의 가르침에 주목합니다. 탄허 큰스님은 유·불·도 삼교(三敎)를 하나로 회통하신 분입니다. 큰스님께서는 유·불·도 동양 삼교에는 각기 차이가 존재한다고 하셨어요. 큰스님께서는 유교가 뿌리를 심는 것이라면, 도교는 뿌리를 북돋아주는 것이라고 해서 유교보다 도교가 더 고등한 사유 체계라고 하셨습니다. 그런데 불교는 뿌리를 뽑아버리는 것이라고 하시며 불교의 위대함을 역설하셨습니다. 우리는 불교를 직접 배우고 실천하고 있으니 얼마나 많은 복을 받은 사람들입니까? 하하."

이사불이(理事不二)의 정진과 교화

스님은 탄허 스님에 대한 이야기를 이어 나갔다. 말씀을 듣던 중 묵혀 두었던 질문이 떠올랐다. 탄허 스님에게 화두를 받아 정진했다는 말을 들었기에 더 구체적으로 알고 싶었다. 스님은 먼저 수행을 게을리 할 수 없는 이유부터 설명했다.

"수행자의 본분은 수행입니다. 제가 하안거나 동안거에 방부를 들이는 것은 당연한 일입니다. 그런데 본사 주지라는 소임이란 게 책임도 막중하고 하는 일도 복잡합니다. 모든 것을 상식 이상으로 알아야 합니다. 일에 따라서는 전문성도 상당히 필요합니다.

주지 소임은 한 교구와 사찰의 대표자로서 무엇보다 가람을 잘 수호해야 하고, 시대에 맞게 포교도 해야 하고, 종무 행정도 관장해야 합니다.

갖가지 사회 현상에도 무관심할 수 없습니다. 그래서 항상 바쁘게 움직입니다. 그런데 바쁘다고 해서 수행을 소홀히 할 수는 없습니다.

그래서 안거 때는 가능한 한 선원에서 참선을 합니다. 시간을 잘 안배하면 가능합니다. 바쁘다고 업무나 일에만 매달리다 보면 수행자로서 본분을 망각하게 되고 본분을 망각하면 아무래도 삿된 길, 잘못된 길로 가기 쉽겠지요.

또 매우 복잡해서 판단하기 어려운 일이 있을 때는 모든 것을 방하착(放下着) 해버립니다. 그리고 선원에 들어갑니다. 화두에 몰입하다 보면 판단력과 집중력이 생기고 머리가 명쾌해집니다.

제가 출가 뒤 처음 들어간 곳이 속리산 복천암선원입니다. 거기서 저는 탄허 큰스님께 받은 '여사미거 마사도래(驢事未去 馬事到來)' 화두를 참구했습니다. 한 스님이 불법의 대의가 무엇인지 묻자, 영운 선사가 '여사미거 마사도래', 즉 '나귀의 일이 끝나기도 전에 말의 일이 닥친다'고 답했습니다. 한국 선의 중흥조 경허 스님도 이 화두를 들고 깨쳤습니다."

출가하기 전부터 경허 스님을 존경했고 출가하면서도 경허 스님과 같은 대자유인이 되어야겠다는 생각을 한 정념 스님은 탄허 스님에게 받은 '여사미거 마사도래' 화두가 더욱 가슴에 와 닿았다고 한다. 1982년 탄허 스님에게 사교(四敎) 특강을 받으면서 용맹정진을 하던 중 스님은 경계를 체험했다.

"화두가 떠나지 않았고 마음은 고요해지고 머리는 맑고 텅 빈 듯하고 머리 뒤에서 엔도르핀이라고 할까, 표현할 수 없는 좋은 느낌이 일어나는 경계였습니다."

"수행과 포교는 우리의 숙명"

스님은 '그때 공부에 대한 자신감도 생겼고, 자기 자신에 대해 더 당당해졌다'고 전했다. 그 후 화두 공부를 계속하던 2000년 6월 말 '결정적 체험'을 했다.

"상원사 청량선원에서 정진할 때였습니다. 잠을 자는 동안에도 화두 참구가 지속되던 중 중도(中道) 연기(緣起)의 확연한 경계에서 갑자기 밑통이 확 빠지면서 탄허 큰스님께 받은 '여사미거 마사도래' 화두가 해체됐습니다. 그전까지는 화두가 응어리처럼 가슴과 머릿속에 박혀 있었는데 한순간에 해체돼버렸어요. 내외명철(內外明哲) 하게 되면서 일체 모든 현상이 경계라는 것을 확연히 알게 되는 체험을 했습니다. 그 특별한 체험을 한 뒤부터는 일체가 다 소중하고, 모든 일이 그 나름의 의미가 있으며, 있는 그대로 평상심을 유지하는 것이 중요하다는 것을 절감하고 있습니다."

이사(理事)를 겸비했다고 소문이 난 정념 스님의 공부 이야기는 흥미진진했다. 최고의 사판승(事判僧)으로 존경받는 스님의 이판(理判) 이야기는 색다르게 다가왔다. 정념 스님은 이어서 '수행자' 스티브 잡스를 말했다.

"스티브 잡스가 선에 심취했던 것도 사실은 선의 단순성 때문입니다. 말하자면 단순성으로 복잡성을 해체한다고 할까요. 잡스는 '완벽이란 더이상 보탤 것이 없는 상태가 아니고 더 이상 뺄 것이 없는 상태'라고 말했는데, 삶도 마찬가지입니다. 우리는 끊임없이 욕망하고 집착하지요. 그러나 삶의 행복이란 무엇을 보탰을 때가 아니라 뺄 것이 없을 때까지 빼고 무욕의 상태가 됐을 때 비로소 가능해집니다. 평소 일상생활에서 수행하고 정진한다면 그 엄청난 효과를 금방 누릴 수 있을 것입니다."

불교의 미래 100년을 전망한다

출가 후 줄곧 오대산에 머물며 한국 불교의 성지로 월정사를 키워낸 정념 스님은 2018년 4월 조계종 백년대계본부장 소임을 맡았다. 불교의 미래 전략을 마련하기 위해 조계종이 구원투수로 정념 스님을 택한 것이다. 스님은 명료했다. 산중사찰에 있었지만 스님의 구상은 도농(都農)의 공간과 현재와 미래의 시간을 이미 넘나들고 있었다.

"4차 산업 시대의 도래 등 급변하는 정세 속에서 불교가 살아남으려면 큰 몸부림을 쳐야 합니다. 거대한 불교 패러다임의 전환 운동이 필요합니다. 사실 지금의 불교 시스템은 농경문화 속에서 만들어진 것입니다. 농경 시대의 불교문화가 인공지능 시대의 도시인과 어떻게 소통할 수 있겠습니까? 엄청난 전환이 필요합니다. 희망은 있습니다. 불교는 기술 혁명 시대를 해석하고, 현대인에게 힐링을 제공할 수 있는 종교입니다. 서양 종교는 과학이 발달할수록 모순이 드러나지만, 불교는 그렇지 않습니다. 첨단 기술 신봉자인 수많은 현대인이 마음의 평안을 찾기 위해 명상을 하는 것만 봐도 알 수 있습니다."

정념 스님은 작은 사안의 혁신보다 미래를 대비하는 큰 그림을 그려보겠다고 전했다. 불교의 교리와 수행, 교육과 포교가 좀 더 새롭게 정비돼 미래 사회에서는 대중에게 호응받을 수 있는 '그랜드 디자인'을 하겠다고 강조했다.

"우리 종단과 한국 불교는 이제 분명히 변화해야 하고, 또 그 변화를 숙명적으로 받아들여야 할 때라고 생각합니다. 현안 문제를 짊어질 수밖에 없는 집행부를 대신해서 자문과 브레인, 네트워킹, 비전 제시자로서 한국

"수행과 포교는 우리의 숙명"

불교의 미래를 그려 나가는 데 최선의 노력을 다하겠습니다.

그러기 위해서는 불교의 변화를 위해 현재 가장 시급히 해결해야 할 문제가 무엇인지, 당면한 현실이 어떤지 조금 더 깊게 분석할 필요가 있다고 봅니다. 일단 눈과 귀를 열고 각계 분야의 전문가에게 많은 조언을 듣도록 하겠습니다. 그 후 구체적 대안을 제시할 것입니다.”

한국 불교의 미래상에 대한 정념 스님의 의지는 확고했다. 임기 2년의 백년대계본부장 소임을 어떻게 수행해 나갈지에 대한 계획도 단단했다.

“각종 위원회에서 다양하고 참신한 전문가를 영입해 조언을 듣고 연구 결과물을 통해 대중의 공감을 이끌어내야 합니다. 또 각급 대중 공사를 자주 마련해 다양한 의견을 듣는 것도 필요하다는 생각입니다.

올해는 종단 발전을 위한 기본 틀을 만드는 데 치중할 계획입니다. 불교가 처한 위기의식을 함께 공감하도록 진단하고, 미래 사회의 예측을 통해 불교의 나아갈 방향을 명확히 제시하는 것이 우선의 목표입니다.”

한국 불교의 과거와 현재를 직접 헤치며 왔기 때문인지 정념 스님의 미래 비전은 확실했다. 오대산을 국민 성지로 만들어낸 스님이 앞으로 어떤 모습의 한국 불교를 만들어낼지 대중은 벌써부터 기대감을 드러내고 있다. 스님의 단호한 마지막 말씀을 가슴에 새기며 월정사 일주문을 나섰다.

“유발 하라리는 기존 종교는 불확실하며 인간이 믿을 수 있는 확실한 종교로 인공지능 기술과 인본주의, 빅 데이터를 바탕으로 한 ‘데이터교’가 탄생하게 된다고 했습니다. 그래도 수행을 통한 내적 성찰을 중시하는 불교에 대해서는 좀 더 긍정적으로 전망합니다.

평창 월정사 주지 정념 스님

🌿 스님의 시선은 항상 세상을 향해 있다.

"수행과 포교는 우리의 숙명"

부처님의 전도 선언처럼 우리는 대중의 이익과 안락과 행복을 위해 적극적으로 가르침을 펴야 합니다. 미래학자들이 대체로 타 종교에 비해 불교의 전망을 밝게 보는데, 요즘 마음 힐링 산업이 융성해지는 것에서도 알 수 있듯이 불교의 특성인 명상과 마음 치유 그리고 여러 가지 수행법이야말로 미래를 여는 힘이 될 것입니다. 미래 지향적으로 나아가야 불교에 희망과 전망이 있을 것입니다." ☙

"한국의 문화유산 '불복장 작법' 체계화할 것"

대한불교 전통 불복장 및 점안의식 보존회장 **경암 스님**

여름인가 했더니 시원한 봄비가 내린다. 숲으로 들어오니 여름을 맞이하려던 나무들도 잠시 숨을 고르는 듯하다.

서울 정릉 경국사는 도심 속 산사(山寺)다. 절 앞의 길지 않은 다리를 건너면 도심에서 산사로 공간 이동을 한 것 같은 느낌이다. 일주문을 지나 천천히 걸었다. 오래전, 당시 조계종 총무원장 지관 스님과 함께 걷던 길이다. 언제나 소탈하게 대중을 맞아주던 지관 스님의 모습이 어른거렸다.

경국사 입구에 서 있는 지관 스님의 '불교대사림편찬발원문'을 다시 읽어본다. 스님이 불교대사전 발간을 서원하고 3000배를 한 뒤 작성한 발원문이다. '가산불교대사림'의 역사를 고스란히 간직하고 있다. 발걸음을 돌려 지관 스님이 주석하던 방인 '무우정사(無憂精舍)'에 들렀다. 아픈 손과 목을 붙잡고 밤새 원고 작업에 몰두하던 스님의 모습이 다시 떠오른다.

극락보전 부처님께 인사를 드리고 주지스님 방으로 향하는데, 경내를 부지런히 오가는 스님의 뒷모습이 보인다. 마당에 선 채 인사를 드렸다. 절 곳곳을 살피는 것으로 하루를 시작하는 경암 스님이다. 2018년 가을 부터 경국사 주지를 맡고 있는 스님은 지관 스님의 손상좌다. 또 한국 불교 불복장 작법(佛腹藏作法)의 권위자이기도 하다.

"노력하고 노력하는 것이 원력"

경암 스님을 보니 지관 스님이 다시 떠오른다. 스님은 지관 스님을 오랫동안 시봉했다. 지관 스님이 총무원장 소임을 볼 때 가장 가까이 시봉했던 사람도 경암 스님이다. 지관 스님이 사석에서 "경암이 때문에 손주상좌(손상좌)들이 예쁘다는 것을 알았다"라고 할 정도로 경암 스님은 노스님을 잘 모셨다고 한다. 그러고 보니 편안하고 인자한 표정이 지관 스님과 닮았다.

"고등학교 때 우연히『천수경』독송 테이프를 듣다가 큰 울림이 왔습니다. 『천수경』을 다섯 시간 만에 다 외우고 출가를 결심했습니다. 대학에 가기를 바라셨던 어머니께 대학 합격증을 보여드리고 1987년 출가했습니다.

해인강원에 들어가 2학년 때부터 큰스님을 모셨습니다. 큰스님께서는 '시봉이 필요한가?'라고 하며 마다하셨지만, 그래도 곁을 지켰습니다. 총무원장을 하시고 열반하실 때까지 거의 25~26년간 모신 것 같습니다."

경전 공부에 관심이 많았던 경암 스님은 강원을 마치고 강사(講師)의 길을 서원했지만, 지관 스님을 시봉하면서 꿈을 접었다고 한다.

"큰스님은 정말 대단한 학승(學僧)이셨어요. 찰나의 시간도 허투루 쓰지 않으셨어요. 학자가 되기 위해서는 큰스님처럼 공부를 해야 하는데, 저는 도저히 그렇게 할 자신이 없었습니다. 그래서 잠시 꿈을 접기도 했습니다. 하하."

지관 스님 곁에 있는 것만으로도 대단한 공부가 됐을 터. 스님은 강원과 해인사, 파계사 율원에서 공부하고 법주사 강사와 사미계, 구족계 수계 산림의 습의사와 교수사를 역임했다. 현재 구족계 수계 산림에서 교수사와 인례사를 맡고 있다.

경암 스님의 '증언대로' 지관 스님은 현대 한국 불교의 최고 강백이다. '가산불교대사림'을 비롯한 수많은 연구 업적을 남겼다. 2012년 1월 지관 스님은 〈사세(辭世)를 앞두고〉라는 제목의 임종게를 남기고 열반에 들었다.

무상한 육신으로 연꽃을 사바에 피우고 (無常肉身 開蓮花於娑婆)

허깨비 빈 몸으로 법신을 적멸에 드러내네 (幻化空身 顯法身於寂滅)

팔십 년 전에는 그가 바로 나이더니 (八十年前渠是我)

팔십 년 후에는 내가 바로 그이로다 (八十年後我是渠)

"경국사는 1325년 자정율사(慈淨律師)가 창건했습니다. 처음 이름은 청암사(淸岩寺)였습니다. 1349년에는 태고보우 스님이 중국 석옥청공 스님으로부터 인가를 받고 와 여기서 공민왕을 만난 후 왕사(王師)로 추대

경국사 무우정사에서 원고를 검토하고 있는 지관 스님.

됐습니다. 1545년 조선 명종 때 문정왕후가 '나라에 경사스러운 일만 가득하게 해달라'는 의미로 경국사(慶國寺)로 이름을 바꿨습니다.

경국사에는 줄곧 위대한 선지식이 주석하셨습니다. 현대에 들어서는 보경 큰스님이 계셨고, 최근에는 자운(慈雲) 대율사님, 지관 큰스님, 인환 큰스님 등이 대중을 이끌어주셨습니다.

지관 큰스님은 경국사에 주석하시면서 아침 8시면 어김없이 가방을 메고 대중교통을 이용해 가산불교문화연구원으로 출근하셔서 하루 종일 작업을 하시고 밤 9시에 다시 대중교통으로 퇴근하셨습니다. 절에 오셔서도 새벽 2~3시까지 원고를 쓰셨습니다. 총무원장을 하실 때도 그랬습니다. 출장을 가실 때도 원고와 책을 보자기에 싸서 다니셨어요. 평생 그렇게 정진하시다 보니 큰스님은 절에 오시면 항상 오른손목과 목에 파스를 붙이고 계셨습니다. 글을 쓰시느라 방에서 입으시던 옷의 오른쪽 팔꿈치 부분은 항상 떨어져 있었던 기억이 납니다.

이런 정진의 결과 『가산불교대사림』을 비롯해 『가야산해인사지』, 『역대고승비문총서』, 『한국불교문화사상사』, 『한국불교계율전통』을 비롯한 수많은 '문자 사리'를 남기셨다고 생각합니다."

경암 스님은 "지관 큰스님께서는 늘 노력하고 노력하는 것이 원력이라고 하셨다"며 "큰스님의 가르침을 항상 가슴에 새기며 경국사 불자님들과 즐겁고 편안하고 행복하게 살고자 노력할 것"이라고 밝혔다.

"불복장 작법, 한국 불교가 보존해야 하는 것"

지관 스님을 닮아서인지 스님의 설명에는 빈틈이 없었다. '꽉 찬' 말씀에 이어 '불복장 작법'으로 화제를 돌렸다. 최근 불복장 작법이 국가무형문화재 제139호로 지정됐기 때문이다. 스님은 '대한불교 전통 불복장 및 점안의식 보존회장'으로서 불복장 작법 보존에 진력하고 있다.

경암 스님은 "복장은 복을 상징하고 점안은 지혜를 상징합니다. 불복장 의식과 점안 의식이 여법하게 이뤄져야 불상(佛像)이 성상(聖像)으로서 예배의 대상이 될 수 있다"라면서 "안타깝게도 많은 사람이 이러한 취지와 의미를 제대로 알지 못하고 있다"라고 지적했다.

문화재청은 지난 4월 30일 불복장 작법을 국가무형문화재 제139호로 지정했다. 보유 단체는 2014년 4월 설립된 '대한불교 전통 불복장 및 점안의식 보존회'다. 문화재청은 이에 앞서 지난해 10월 31일 불복장 작법을 국가무형문화재 신규 종목으로 지정 예고한 바 있다.

"불복장 작법의 문화재 지정은 매우 기쁘고 좋은 일입니다. 출가 이후 부처님 은혜와 종단 은혜를 유무형으로 어떻게 갚을지 고민이 컸습니다. 유형(有形)으로는 서울 당산동에 자운사를 창건해 조계종에 등록하고 포교하는 것으로 어느 정도 갚았다고 생각합니다. 무형(無形)으로는 불복장을 더 체계화하고 발전시키는 것으로 부처님 은혜를 갚으려 합니다. 하하.

비전(祕傳)으로 전해오는 것을 왜 공개했느냐는 질타를 받기도 했습니다만, 부처님 가르침을 진정으로 실천한다면 보다 많은 사람이 불복장을 알고 계승해야 합니다. 또 후배들이 불복장을 배우고 익혀서 더 널리 알려야 한다고 생각합니다. 그래서 이번 문화재 지정은 매우 중요한 일입니다."

불상이나 불화에 종교적 가치를 부여해 예배의 대상으로 전환하는 불복장 작법은 "삼국시대 이래 1000년 넘게 이어진 한국 불교의 독특한 의례"다. 불복장 작법 의식을 설명한『조상경(造像經)』은 16세기부터 꾸준히 간행돼왔다.『조상경』은 우리나라에만 있는 경전이다. 한·중·일 동아시아 3국 가운데 의식으로 정립돼 전승되는 것도 한국이 유일하며, 일제강점기를 거쳐 지금까지 전승의 맥을 이어오고 있다.

문화재청은 "불복장의 절차와 의례 요소가 다양하고 복잡하면서도 체계적으로 정립돼 있다"라면서 "세부 내용마다 사상적, 교리적 의미가 있어 국가무형문화재로 지정 가치가 높다"라고 지정 사유를 밝혔다.

🌀 서울 경국사 전경.

🌀 경국사 불자들과 기도 중인 경암 스님의 모습.

대한불교 전통 불복장 및 점안의식 보존회장 경암 스님

이에 앞서 문화재청 무형문화재위원회는 불복장 작법 의식이 고려시대부터 현재까지 맥을 이어오는 의례로, 700년 이상의 전통을 지녔다는 점(역사성), 무형의 (의식)을 통해 유형(불복장)의 전승을 이어가는 독특한 한국 문화로 미술사, 서지학, 사학, 불교사상, 복식 분야에 이르기까지 다양한 분야에서 접근이 이뤄진다는 점(학술성),『조상경』을 통해 이른 시기부터 의궤로 정립돼 하나하나마다 사상적, 교리적 의미가 부여된다는 점(예술성), 불복장 의식이 확립된 나라는 티베트와 한국 두 곳뿐인 상황에서 한국의 전통문화로서의 대표성이 높다는 점(대표성) 등을 근거로 국가무형문화재로서의 가치를 높이 평가했다.

우리나라에서 처음으로 불복장 의식이 이뤄진 시기는 정확하지 않지만 불상을 조성하기 시작한 삼국시대부터 존재했을 것으로 추정한다. 복장 사례가 본격적으로 확인되는 시기는 앞서 전한 대로 고려시대다.

현재는 기록만 전해지지만, 이규보가 편찬한『동국이상국집』의「낙산 관음복수보문병송」에 당시 불상에 복장이 들어간 시대적 상황과 물목이 소개돼 있다. 여기에는 "오랑캐에 의해 훼손된 낙산사 관음보살상에 심원경, 오향, 오약, 색실, 비단주머니 등을 납입했다"라고 기록돼 있다.

이를 통해 고려 중엽에는 복장의 물목이 어느 정도 체계를 갖추었음을 확인할 수 있다. 이 기록의 물목은 고려 후기 불상에서 출토된 실제 복장물과도 어느 정도 일치한다. 고려 후기 불상 가운데 복장물이 발견된 대표적 사례는 서울 개운사 목조아미타여래좌상(1274년 이전 조성), 문경 대승사 금동아미타여래좌상(1301), 일본 간논지(觀音寺) 소장 금동보살좌상(1330), 청양 장곡사 금동약사여래좌상(1346), 서산 문수사 금동아미타여래좌상(1346) 등을 들 수 있다.

"불복장은 신심(信心)을 표현하는 것입니다. 부처님을 예경하는 신심을 극대화한 것이죠. 복장에 들어가는 사물을 가지고 이치를 이야기하는 것은 적절하지 않았습니다. 부처님 법(法)을 세워놓고 사물을 배치하는 것이 복장입니다. 오곡(五穀)을 예로 들어보겠습니다. 오곡은 곡식의 종자이니 사람들은 음식이라고 생각합니다. 그러나 복장에서의 오곡은 보리심(菩提心)의 종자를 의미합니다."

"불복장의 고유성을 인정하면서 통일성을 찾을 것"

한국 불교를 대표하는 국가 공인 문화재가 된 불복장 작법을 경암 스님은 언제부터 시작했을까?

"제가 군에 있을 때 군법당이 유독 많이 생겼습니다. 제가 스님이라는 것을 알고 전국의 군법당에서 부처님 점안과 복장을 해달라는 요청이 많이 왔습니다. 어깨너머로 배운 것에 여러 자료를 찾아가며 복장을 했습니다. 그 후 제대해 해인사로 돌아오니 무관 스님께서 복장을 하고 계셨습니다. 그때부터 본격적으로 복장 연구를 시작했습니다.

불복장과 제가 '인연'이라고 생각했던 것은 지관 큰스님께서 이미 복장에 대해 학술적으로 정리를 해놓으셨다는 점입니다. 자운-지관 큰스님으로 이어져온 전통이 이미 정리가 다 돼 있던 것도 모르고 시자인 저는 밖으로만 다녔던 것입니다. 하하."

경암 스님은 해인사 쌍둥이 비로자나 부처님 복장을 비롯해 수원 봉녕

🌀 대중들의 마음을 모아 불복장을 모시고 있다.

"한국의 문화유산 '불복장 작법' 체계화할 것"

사 대웅전 삼존불 등 전국의 많은 사찰에서 복장과 점안 의식을 진행했다. 횟수를 거듭하면서 당연히 노하우도 쌓여갔다. 그러다 무관, 성오, 도성, 수진 스님 등을 모시고 2014년 대한불교 전통 불복장 및 점안의식 보존회를 창립했다.

복장 의식을 봉행할 수 있는 스님이 많지 않은 것도 문제였지만, 각자의 방식이 다른 것도 난관이었다. 무관 스님은 묵담 스님에게 전해 내려오는 유점사본『조상경』을, 도성 스님은 만암 스님 필사본을 전수받았지만 분실해 복사본을 기본으로 한『조상경』및 기타 경전을, 성오 스님은 유점사본『조상경』을 중심으로, 경암 스님은 해인사박물관 소장『조상경』필사본과 지관 스님으로부터 전해 받은 의식집을 사용하고 있다. 그 때문에 스님마다 설행하는 의식도 조금씩 다를 수밖에 없다.

경암 스님은 "사찰에서 복장 의식을 행할 때 물목을 어느 정도 통일하고 설행 의식에도 체계성을 갖출 수 있도록 하는 일이 시급하다. 이번 무형문화재 지정을 계기로 이를 지속적으로 정립하는 작업을 해나가야 한다"라면서도 "물론 각 스님의 고유성을 인정하는 것도 함께 이뤄져야 한다"라고 강조했다.

경암 스님은 불복장 작법 전통의 계승에 대해 계속 강조했다. 열악한 조건에서도 불교 고유의 전통을 지켜나가겠다는 의지가 대단했다.

그러고 보니 스님은 해인사 팔만대장경보존원장 소임도 맡고 있다. 세계의 문화유산인 팔만대장경을 지키고 연구하는 일을 한 지도 벌써 십수 년이다.

"불복장 작법을 전승, 발전시키는 것도 중요하고 팔만대장경을 보존하

정성스럽게 불복장을 모시는 경암 스님.

"한국의 문화유산 '불복장 작법' 체계화할 것"

면서 그 가치를 세계인에게 알리는 것도 놓칠 수 없는 일입니다. 제가 아직 젊기 때문에 후학을 위해서 좀 더 많은 일을 할 수 있을 것 같습니다. 불교문화 콘텐츠는 불교만의 것이 아닙니다. 한국의 것이고 세계의 것입니다. 불자와 국민 여러분께 부끄럽지 않도록 연구, 정진하겠습니다."

경암 스님은 경국사 경내에 '가산문화센터' 건립을 발원하고 있다. 평생을 시봉한 지관 스님의 신심과 원력을 계승하고 싶기 때문이다. 경암 스님이라면 능히 해낼 수 있을 것이라는 믿음을 가지고 다리를 건너 속세로 돌아왔다. ✿

"불자와 함께 수행정진 하는 스승 될 것"

대구 낙산심인당 **호당 정사·정진심 전수**

대구광역시 동구의 낙산심인당(樂山心印堂)에도 어김없이 여름은 오고 있었다. 6월이지만 대구는 벌써부터 '대프리카'의 위용을 자랑했다. 부처님오신날을 함께한 연등으로 장엄한 마당을 지나 '옴마니반메훔' 본존이 모셔진 심인당으로 향했다. 월초불공 기간이어서인지 낮에도 정진하는 불자가 적지 않았다.

심인당 입구에 모셔진 '진각종요'와 '진각종지'가 먼저 눈에 들어왔다.

진각종요. "진각종은 불법의 심수(心髓)인 밀교 정신을 본지로 하고 밀교의 법맥을 심인(心印)으로 전수한 회당 대종사의 자증교설(自證敎說)을 종지로 삼아서 교법을 세우고 종문을 열어서 시대에 맞는 교화 이념과 방편을 펴는 불교 종단이다."

진각종지. "진각종은 시방삼세에 하나로 계시는 법신비로자나 부처님을 교주(敎主)로 하고 부처와 종조의 정전심인(正傳心印)인 옴마니반메

훔[六字心印]을 신행의 본존(本尊)으로 받들어 육자관행(六字觀行)으로 즉신성불(卽身成佛)하고 현세정화(現世淨化)함을 종지(宗旨)로 한다."

심인당에서 예를 올린 후 다시 마당으로 나오니 낙산심인당에서 교화에 진력하고 있는 호당 정사님과 정진심 전수님이 반가운 미소를 보여준다.

"일주일간의 월초불공은 한 달 동안의 살림살이를 행복하게 만들어가기 위한 마음공부입니다. 새벽의 개명(開明) 정진을 시작으로 오전, 오후, 저녁 불사까지 총 네 번 기도정진을 합니다. 월초불공이 진각교도에게는 큰 힘을 주는 시간입니다."

서울 탑주심인당에서 낙산심인당으로 옮긴 지 몇 달 되지 않았지만 두 스승의 표정은 변함이 없었다. 호당 정사님은 특히 진각종 총무부장 소임 당시 총인원 불사 회향식을 여법하게 이끈 바 있다.

진각종 총인원 성역화 불사의 여법한 회향

아직도 그때의 기억이 생생하다. 2017년 6월 15일 서울 성북구가 들썩였다. 하월곡동에 '밀교(密敎) 랜드마크' 진각종 총인원의 성역화 불사 회향을 기념하고 축하하는 법석이 열렸기 때문이다. 전국에서 모인 3000여 명의 불자는 우뚝 솟은 총인원 구석구석을 돌아보며 10년 불사의 마무리와 함께 새롭게 시작될 100년을 먼저 지켜봤다. 이날 총인원은 오후의 헌공불사와 저녁의 회당문화축제로 진각 불자는 물론 지역주민의 즐겁고 유쾌한 문화 공간이 됐다.

"불자와 함께 수행정진 하는 스승 될 것"

🍃 대구 낙산심인당.

🍃 낙산심인당에서 열린 작은음악회 율하어울림마당.

헌공불사에서 진각종 통리원장 회성 정사님은 기념사를 통해 "총인원이 자리한 이 터전은 진언행자들의 영원한 마음의 고향이자 귀의처이며 안식처인 성스러운 곳"이라며 "이 불사의 인연공덕으로 이곳은 지구촌 불자의 의지처가 되며 대한민국을 대표하는 밀교 랜드마크로 우뚝 설 것"이라고 강조했다. 회성 정사님은 이어 "이제 새로운 총인원 시대의 개막을 선언한다. 신행과 포교, 교육, 복지, 문화 불사를 새롭게 하면서 진호국가 불사의 방편으로 대중 참회불공을 이끌어 이 나라와 인류가 진정한 밀엄정토가 되도록 진언행자 모두 심인보살이 되자"라면서 "진각 100년을 향한 진언행자의 새로운 발심과 정진을 부탁드리며 밀교 중흥과 한국 불교의 홍왕, 한반도 평화 통일과 국가 발전을 서원하자"라고 당부했다.

이날 헌공불사에 참가한 대중은 종의회 의장 덕일 정사님이 낭독한 강도발원을 통해 "부처님의 가지원력과 진각성존 회당 대종사의 무진서원으로 장엄한 이곳 총인원이 참회와 서원과 실천의 감동이 늘 샘솟는 복된 도량이 되어 진각과 세상을 밝히는 등불이 되길 서원한다"라면서 "오늘 동참한 진언행자 모두는 종단과 세상의 진정한 주인으로서 새 총인원이 품은 이상을 마음껏 펼치고 누구나 다 저마다의 자리에서 동참할 수 있는 환희심 가득한 복된 인연지가 되도록 부단히 서원정진하겠다"라고 다짐했다.

진각종 총인원에는 모두 다섯 개의 건물이 들어섰다. 중앙에 위치한 진각문화전승원 불사는 진기 61년(2007) 전승원건립추진팀 발족을 시작으로 본격화됐으며, 연면적 1만 2076제곱미터(지하 2층, 지상 7층) 규모로, 진기 66년(2012) 12월 완공됐다. 진각복지사업의 중심 역할을 수행할 진

"불자와 함께 수행정진 하는 스승 될 것"

각복지센터는 연면적 4430제곱미터(지하 2층, 지상 5층) 규모로, 진기 63년(2009) 모습을 드러냈다. 진기 67년(2013)에는 성지조성위원회를 구성하고 진각문화국제체험관과 탑주유치원, 지하주차장 건립을 추진했다. 종단의 교화 영역을 해외로 넓히고 청소년 포교의 상징이 될 진각문화국제체험관은 연면적 5663제곱미터(지하 1층, 지상 6층), 지역 교화의 산실이 될 탑주유치원은 연면적 1124제곱미터(지상 3층), 부속 공간인 지하주차장은 사무동인 7, 8동을 포함해 연면적 5752제곱미터 규모로, 진기 71년(2017) 5월 완공됐다.

　총무부장으로서 헌공불사 전체를 총괄한 호당 정사님은 이렇게 덧붙였다.

"스승님들께서 마음을 모아주셔서 불사를 여법하게 회향하게 됐습니다. 10년의 불사를 바탕으로 진각 70년을 넘어 새로운 100년을 맞이할 수 있도록 이제부터 차근차근 준비해야 합니다. 성역화 불사는 종단의 핵심 교리 중 하나인 비로자나불, 아축불, 보생불, 아미타불, 불공성취불의 오불(五佛)을 총인원 터에 배치, 그 상징성을 가미했습니다. 향후 총인원을 밀교공원으로 만들어 누구나 쉽게 밀교를 접하고 또 그 안의 다양한 문화를 나눌 수 있도록 하는 마스터플랜을 마련하고 조금씩 실천해야 할 것입니다."

총인원 성역화 불사를 회고하면서 본격적으로 수행 여정에 대한 이야기를 듣기 시작했다.

"사회와 호흡하는 생활불교 실천할 터"

호당 정사님은 진각종과 함께 성장했다. '정사'와 '전수'로 일찍부터 포교에 나섰던 부모님을 보면서 자연스럽게 스승의 길을 서원했다. '호당(浩堂)'이라는 법명을 받고 1990년 결혼과 함께 서울 밀각심인당에서 처무 생활을 시작한 뒤 1992년 정사 법계를 품수했다. 2년여의 처무 생활은 스승이 되기 위한 담금질의 연속이었다. 정사님이 정진심(精進心) 전수님과 함께 나선 첫 교화지는 진각종조 회당 대종사의 탄생지인 울릉도 총지심인당.

"첫 교화를 종단의 성지에서 시작했습니다. 저에게는 너무나 큰 영광이었어요. 말 그대로 인연이었던 것이 아닌가 싶습니다."

그런데 최근에 또 하나의 의미 있는 일이 생겼다. 두 스승님의 딸인 선인지 전수님이 남편 신승 정사님과 함께 지난해 10월부터 울릉도 선원심인당에서 교화에 나선 것이다.

울릉도는 한국 밀교의 중흥조이자 진각종 개종조인 진각성존 회당 대종사가 1902년 5월 10일 탄생한 곳으로, 진언행자에게는 그야말로 성지다. 회당 대종사는 푸른 바다가 내려다보이는 산기슭 언덕진 곳, 지금은 금강원(金剛園)이라 부르는 사동 중령에서 탄생했다. 진각종의 성지인 울릉도에서는 회당 대종사를 기리는 금강원과 총지심인당, 여래심인당, 선원심인당이 불법을 홍포하고 대종사의 가르침을 펼치고 있다.

호당 정사님과 정진심 전수님은 1992년 총지심인당에서 교화를 시작해 1993년부터 1997년까지 약 5년간 여래심인당에서 수행정진 했다. 이에 앞서 호당 정사님의 부모님이자 선인지 전수님의 조부모님이기도 한 묵행 정사님과 대일화 전수님은 1986년부터 1992년까지 약 6년간 선원심인당에서 수행정진 했다. 3대가 종조 회당 대종사의 탄생지인 울릉도에서 불법 홍포와 중생 교화를 위해 진력했다는 것은 특별한 인연이 아닐 수 없다.

어렵게 연락이 된 선인지 전수님은 '인연'으로 설명했다.

"종단사에서 드문 경우라고 들었습니다. 그만큼 인연이 깊은 것이라고 생각합니다. 불교와의 인연도 진각종, 심인진리와의 인연도 모두 다요. 특히 울릉도는 종조님이 탄생하신 곳이기도 한 만큼 의미가 깊은 곳이고, 여기서 첫걸음을 뗄 수 있었다는 것도 참 감사하다는 생각이 듭니다. 지내다 보니 부모님, 조부모님이 먼저 걸어가셨던 걸음을 통해 받는 은혜를 비롯해 여러 인연 속에서 받는 은혜가 정말 크다는 생각을 합니다. 아직 제가 다 깨닫지 못했겠지만 어렴풋이나마 그 은혜가 느껴지고, 앞으로 더욱 열심히 받은 은혜를 갚아야겠다는 마음이 듭니다. 더 열심히 수행정진 하고 교화에 앞장서라는 부처님의 뜻으로 생각하겠습니다."

정진심 전수님 역시 인연을 강조했다.

"인연이 있었다고 생각해요. 부모님이 원한다고 교화에 바로 나갈 수는 없거든요. 발심(發心)도 해야 하고 원력도 있어야 합니다. 무엇보다 인연이 없으면 어렵습니다. 3대가 종조님의 탄생지에서 수행정진 하고 교화한다는 것은 정말 놀라운 일이 아닐 수 없습니다. 하하."

호당 정사님은 울릉도에서 교화를 펼친 뒤 1997년부터 총무국장, 기획국장, 진각대학 교무국장, 문화사회국장, 문화사회부장, 기획실장 등의 주요 소임을 거친 뒤 총무부장을 맡았다. 물론 일선 심인당의 주교를 맡으면서 업무를 수행해온 것이다. '중앙'과 '지역'을 함께 고민할 수밖에 없었던 것은 당연했다.

"우리 종단은 총인원 성역화 불사를 기점으로 하드웨어는 어느 정도 구축했습니다. 지금부터는 소프트웨어를 만들고 찾아야 합니다. 종단 차원에서 생각한다면 사회와 호흡할 수 있는 역량을 갖추고 실천해야 합니다. 다소 움츠려 있었지만 이제 진각종은 과거의 모습과 결별하고 시대에 맞는 포교 역량을 구축해야 합니다.

구체적으로는 생활 속에서 불자가 좀 더 잘 살 수 있는 환경을 만들어 줘야 합니다. 생활 속에서 실천하면서 부처님의 진리를 찾아내는 것이 가

🌀 자리를 같이 한 2대 스승님들. 왼쪽부터 신승 정사님, 선인지 전수님, 정진심 전수님, 호당 정사님.

장 중요하고 필요합니다. 그런 점에서 볼 때 가정에서부터 부처님 가르침을 실천하는 것이 중요하다고 생각합니다. 인간성 상실의 시대에 아버지로서, 어머니로서, 자식으로서의 기본을 실천하면 이것이 사회로 이어지고 궁극적으로는 부처님 가르침을 많은 사람이 공유할 수 있을 것입니다. 학교에서도 마찬가지입니다."

정사님의 고민은 오랜 시간 동안 다듬어지고 있었다. 종단의 정책 방향과 일상적 포교의 필수 요소에 대한 설명이 이어졌다.

"우리 종단의 가장 중요한 실천 방향은 생활불교, 실천불교입니다. 우리가 생활 속에서 실천하는 공부를 해야 합니다. 이웃과 사회 속으로 좀 더 파고 들어가 사람들이 쉽게 찾을 수 있는 도량이 되려 합니다. 대구 지역 사람들이 힘들고 어려울 때 찾아와 마당을 한 바퀴 돌면서 쉬었다 가고 또 마음의 평화를 찾을 수 있도록 해보겠습니다. 일체가 부처님인 이 공간을 통해서 인연의 법칙을 깨우치고 삶의 이치를 알 수 있는 여건을 만들겠습니다."

그러면서 두 스승님은 낙산심인당에서의 포교 원력을 밝혔다. 마침 낙산심인당은 올해가 이전 불사 10주년인 해라고 했다. 그래서 6월 15일 지역민과 함께하는 작은 음악회를 '작지 않게' 진행해 지역민의 열띤 호응을 이끌어냈다. 정진심 전수님은 낙산심인당에서의 포교 계획도 전했다.

"낙산심인당은 대구와 경산, 영천 지역 시민의 근본도량입니다. 전에 비해 신교도님의 수가 많이 줄었다고 하는데, 그렇기 때문에 더 열심히 교화에 나서려고 합니다.

빈 공간을 활용해서 등(燈) 공방을 만들어볼 생각입니다. 등은 불자가 아닌 시민도 깊은 관심을 보이는 전통문화입니다. 등 공방을 시작으로 시민이 친숙하게 다가올 수 있는 다양한 문화 프로그램을 만들어 차근차근 시작할 생각입니다. 하하."

인연의 소중함

정사님과 전수님은 인터뷰를 하면서 '인연'을 강조했다. '인연이 있었기에 오늘날까지 스승으로서 부처님 밥값을 할 수 있었다'고 했다.

"저는 사실 제 능력보다는 인연으로 살아온 것 같습니다. 사람들을 보면 능력의 차이는 거의 없습니다. 다만 인연의 차이가 있는 것 같아요. 운이 좋았다고도 할 수 있을 것도 같고요.

처음 '호당(浩堂)'이라는 법명을 받았을 때 솔직히 별로 마음에 들지 않았어요. 부르기에도 어색하잖아요. 하하. 그런데 나중에는 내 마음이 좁으니 마음을 넓혀 살라는 뜻인가 하는 생각이 들었습니다. 제 법명 때문인지 더 하심(下心)하려 하고 더 회사하는 마음을 가지려 합니다."

정사님은 스승으로서 앞으로의 원력에 대한 말씀도 빼놓지 않았다.

"제 나름대로 이론적으로는 많은 공부를 했지만, 실질적 수행으로 부처님의 진리에 다가서지는 못했습니다. 아직도 한참 멀었습니다. 그래도 퇴임하기 전에는 '경지'를 느껴보고 싶은 마음이 간절합니다. 그래서 사람들에게 '우리 모두는 부처님 가르침이 가득한 복된 세상에 살고 있다'는 것을 얘기해주고 싶어요.

그리고 또 하나 바람이 있다면 불자에게 인정받는 스승이 되고 싶어요.

호당 정사님과 정진심 전수님.

신교도에게 '인가(印可)'를 받는 그런 스승 말입니다. 여기서 인가라는 표현을 쓰는 것이 조금 어색할 수 있지만, 신교도가 인정을 하고 신교도의 존경을 받는 스승이 된다면 더할 나위 없이 좋을 것 같습니다. 하하.”

전수님의 바람도 다르지 않았다.

“신교도님의 존경을 받기 전에 저 스스로 부끄럽지 않은 스승이 되고 싶습니다. 그야말로 실천하고 수행하는 스승이 되기를 서원합니다. 그렇게 될 때 진정으로 존경받는 스승이 될 것입니다. 요즘 저의 가장 큰 화두이자 숙제라고 생각합니다.”

호당 정사님과 정진심 전수님의 한마디 한마디는 때로는 단호했고 때로는 간절했다. 인터뷰를 마무리하고 난 뒤 두 스승님과 함께 낙산심인당 구석구석을 살펴봤다. 소박하고 아담했지만 낙산심인당이 대구 불자의 귀의처가 될 수 있음을 확신했다.

진각종에서는 300여 명의 스승님이 전국 120여 개의 심인당에서 70만 명의 불자와 함께 정진하고 있다. 전국의 스승님이 하루빨리 사회로 '커밍아웃해' 대중에게 심인(心印)을 전해주기를 기대해본다. ✿

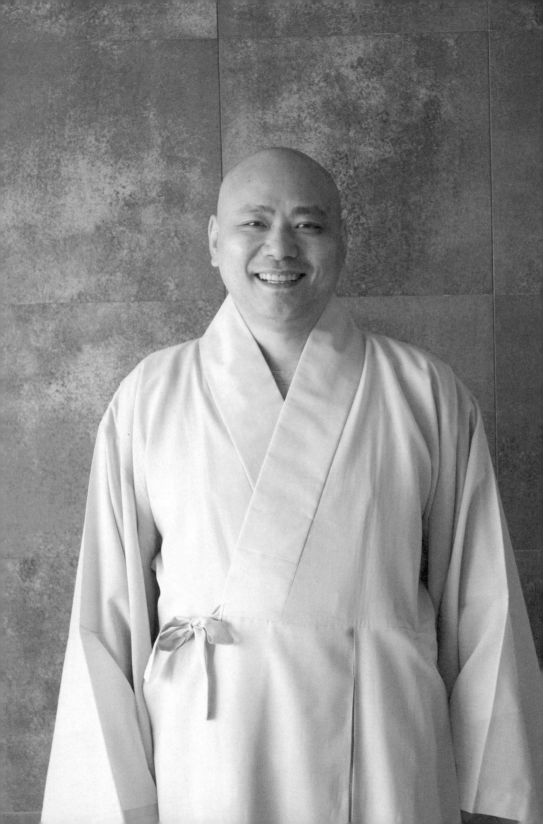

"불교 명상의 세계적 플랫폼 만들 터"

불교상담개발원장 선업 스님

장면 1

연일 언론에 보도되는 자살 뉴스. 지위 고하, 남녀노소를 막론한 자살은 개인의 차원을 넘어 사회적 충격으로 다가온다. 이미 잘 알려진 사실이지만 우리나라는 2003년부터 2017년까지 OECD 회원국 중 자살률 1위라는 오명을 쓰고 있다. 통계청 발표에 따르면 2017년 기준 우리나라 인구 10만 명당 자살자 수는 24.3명에 이른다.

자살을 더 이상 방치해서는 안 된다는 인식을 같이하고 실천 활동을 벌이는 불교, 천주교, 개신교, 원불교 4대 종단이 한자리에 모였다. 5월 30일 불교상담개발원은 서울시자살예방센터와 함께 한국불교역사문화기념관 전통문화공연장에서 <4대 종단과 함께하는 생명문화 힐링 콘서트>를 개최했다. 이날 콘서트는 2019년 '살(자)사(랑하자) 프로젝트'의 일환으로 마련됐다. 4대 종단은 서울시와 함께 살사프로젝트를 통해 자살 예방

〰️ 생명문화 힐링콘서트에서 발언하고 있는 선업 스님.

〰️ 선업 스님이 생명문화 힐링콘서트에서 기도문을 낭독하고 있다.

"불교 명상의 세계적 플랫폼 만들 터"

을 위한 다채로운 사업을 펼치고 있다.

이날 콘서트에는 불교상담개발원장 선업 스님과 천주교 한마음한몸운동본부 자살예방센터장 이정민 신부, 라이프호프 기독교자살예방센터 이사 노용찬 목사, 민성효 원불교여성회 지도교무가 참석해 '삶과 죽음'을 주제로 대화 마당을 진행했다. 이 자리에서 참가자들은 자살자 유가족을 위로하는 방법, 자살 예방을 위한 방안 등에 대해 진솔한 이야기를 나눴다.

선업 스님은 "자살 충동이 일어났을 때 빨리 그것을 알아차리고 대상화해서 보는 훈련이 필요하다. 이를 통해 충동을 극복할 수 있는 극복 기제를 만들어 나가는 것이 중요하다"라고 강조했다.

이웃 종교 성직자들 역시 자살 충동을 예방하기 위해 "스스로를 표현하는 습관을 키우는 것이 필요하다"라는 등의 다양한 의견을 제시했다. 콘서트 후에는 모든 이에게 위로를 전하는 종단별 기도문 낭독이 이어졌다.

장면 2

5000여 명의 불자와 시민들이 한강을 걸으며 자신을 돌아보고 소외 계층을 위한 나눔을 실천하는 '걷기 명상'이 펼쳐졌다.

한국명상지도자협회는 6월 1일 오전 10시 한강 여의도공원 물빛무대 일원에서 걷기명상대회 <명상, 한강을 걷다>를 개최했다. 지난해부터 시작되어 불자와 시민들로부터 큰 호응을 얻었던 걷기 명상이 올해부터는 소외 계층을 위한 새로운 대회로 거듭났다. 걷기와 명상에 대한 긍정

명상, 한강을 걷다 행사에서 사회를 보고 있는 선엽 스님.

"불교 명상의 세계적 플랫폼 만들 터"

🌊 명상, 한강을 걷다 행사.

적 가치를 공유하고 더불어 이를 통해 소외 계층도 돕는다는 취지다.

이날 참가자들은 한 걸음을 걸을 때마다 1원씩 적립했고, 불교계 저명 인사들도 애장품을 기부해 판매 수익금을 소외 계층 돕기에 보탰다. 이렇게 모인 기금은 서울시 거주 저소득 한 부모 가정 산모 지원과 사회복지법인 원각 노인무료급식소 등의 후원에 사용됐다.

이날 참가자들은 한강변을 따라 약 3.7킬로미터를 걸었고, 명상지도자협회는 지난해와 달리 중간에 한강을 바라보며 명상을 하는 시간을 마련했다. 걷기에만 치중하지 않고 스스로 돌아보는 시간을 마련한 것이다.

명상지도자협회 등록 단체가 마련한 다양한 명상 체험 부스도 운영됐다. 금강선원의 '행복나눔터', 목우선원 명상상담대학원의 '에니어그램 성격검사', 하트스마일 명상연구회의 '하트스마일 명상', 보리마을 자비선명상원의 '자비다선 차 명상', 행불명상센터의 '행불명상 리셋 5단계', 불교상담개발원의 '생명살림과 MTV 통합명상', 자비명상의 '마음카드 치유명상' 등을 체험하며 명상의 새로운 세계를 만났다.

명상지도자협회 이사장 혜거 스님은 헝가리 유람선 사고 희생자를 위한 묵념을 제안하며 애도의 시간을 가진 뒤, "우리가 이렇게 명상을 하는 것은 세상에 전쟁이 없고, 질병이 없고, 참변이 없고, 불의의 사고가 없도록 하기 위함이다. 마음을 가다듬고 한걸음 한걸음 조심스레 나갈 때 미래에 장애가 없어지게 된다. 장애가 없는 편안한 세상을 위해 오늘 이 자리에 이렇게 모였다"라며 "이 땅에 장애가 없어지고, 재난이 없는 편안한 세상을 발원하며, 오늘의 명상이 앞으로 계속 이어지기를 바란다"라고 말했다.

생명문화 힐링 콘서트와 걷기명상대회가 원만하게 회향될 수 있도록 모든 실무를 준비한 사람은 선업 스님이다. 불교상담개발원장과 걷기명상대회 조직위원장으로서 불자의 마음공부를 지도했다. 두 개의 큰 행사를 마치자마자 선업 스님을 만났다. 숨을 고르며 잠시 쉬어갈 수도 있었지만 스님은 이미 다음 일정을 준비하고 있었다. 스님은 전과 다름없는 밝고 환한 미소를 보여주었다.

"선업, 법명대로 사는 수행자"

한국 불교를 대표하는 명상 지도자로 불자의 존경을 받는 선업(禪業)

스님은 거의 매일 대중을 만난다. 월요일은 차 명상과 차 명상 상담, 화요일은 『무문관』 강설과 동국대학교 불교대학원 강의, 수요일과 목요일은 표현명상, 토요일은 불교상담개발원 불교명상지도사 강좌, 일요일은 참선 지도가 있다. 불교방송 프로그램 〈힐링스테이션〉에도 매주 토요일과 일요일에 출연한다. 매주 직접 만나는 사람이 150명이 넘고, 방송을 통해서는 수많은 사람에게 안목을 열어주고 있다.

"제 법명이 '선업'입니다. 은사 진철 큰스님께서 참선정진 하는 수행자, 선을 지도하는 스승이 되기를 바라는 마음으로 주신 것입니다. 큰스님의 기대에 부응하려 열심히 하고 있습니다. 하하."

선업 스님의 화두선 수행과 명상 지도는 출가 때 이미 정해졌는지 모른다. 스님은 운명처럼 출가했다. 1987년 6월 항쟁 당시 잠시 숨을 돌리려 내려간 경상남도 진해에서 인연처럼 진철 스님을 만났고, '차 한잔의 대화' 끝에 곧바로 짐을 싸서 평창 월정사로 갔다.

"출가 전에는 봉선사 월운 큰스님께 경전을 배웠습니다. 공부를 한다기보다 뒤풀이에 참석하는 재미로 열심히 다녔습니다. 하하. 진해에서 처음 인사를 드렸지만 당시 은사스님께서 월정사에 주석하고 계셨기 때문에 그리로 갔습니다. 그렇게 출가 생활이 시작됐습니다."

강원에서 공부를 하던 스님은 1991년 서울 소격동 연등국제불교회관의 원명 스님을 만났다. 원명 스님은 성철 스님의 상좌로 국제 포교에 진력하고 있었다. 스님 역시 원명 스님을 만나 해외 포교와 국제 불교에 관심을 갖기 시작했다. 세계청년불교도우의회(World Fellowship of Buddhist Youth, WFBY)를 비롯한 국제 불교 행사를 위해 매년 서너 차례 이상 해외 불교를 접하면서 불교 공부 수행방법이 매우 다양하다는 것을 알게 됐다. 아시아는 물론 미국과 캐나다의 명상 센터도 방문해 다양한 수행법을 공부했다.

"1990년대에 이미 한국 불교와 세계 불교의 차이는 컸습니다. '판'이 달랐어요. 자연스럽게 시민을 명상으로 이끄는 모습이 저에게는 큰 충격이었어요.

2002년에는 세계불교청년포럼(IBYF) 행사가 있어 뉴질랜드에 갔습니다. 개막식에 참석한 달라이라마 스님과 일주일간 같은 숙소에 머물렀습니다. 곁에서 스님을 보면서 참 많은 것을 생각했습니다. 얼굴에서 미소가 떠나지 않았고 사람들과 정성껏 인사를 나누는 모습만 보고 달라이라마의 위대함을 알게 됐습니다. 어떻게 보면 사소한 것이지만 달라이라마 스님의 그 모습에서 저도 많이 달라져야 한다는 것을 느꼈어요.

보성 대원사의 현장 스님은 '아집(我執)의 공간에서 친절의 공간으로 가는 것이 출가'라고 항상 말씀하십니다. 달라이라마나 틱낫한 스님은 '친절이 종교'라고 하시잖아요. 세계 각지의 불교를 접하면서 저의 길이 좀 더 명확해진 것 같습니다."

오랜 기간 세계 불교의 수행을 접하면서 선업 스님이 정리한 수행법이 바로 'MTV 통합 명상'이다.

"세계 불교 명상을 'MTV 명상'이라고 부르기도 합니다. M은 마하야나(Mahayana), 즉 대승불교를 뜻하고, T는 테라바다(Theravada), 즉 상좌부를 말하며, V는 바즈라야나(Vajrayana), 즉 금강승을 의미합니다. 20여 년 전부터 불교의 대표적인 모둠을 지칭할 때 쓰는 단어인데, MTV 세 그

룹으로 나누어 설명하면 불교의 대표적 명상을 쉽게 구분하고 이해할 수 있게 되는 것입니다.

　요즈음은 여기에 '통합'이라는 단어를 붙여 'MTV 통합 명상'이라고 쓰고 있어요. 이 의미는 단순한 MTV가 아닌, 다양한 전통의 MTV 명상을 통합적으로 수용한 바탕 위에 현대적인 명상 방법론으로 체계화한 새로운 명상의 유형이 생긴 것을 의미합니다. 이 유형의 대표적인 예로 동사섭과 차 명상 그리고 표현명상 등이 거론됩니다. 차 명상을 예로 들어보면 전통적으로는 '참선'과 관련이 있고 '선차', '다선', '명차' 등의 전통적 용어로 설명돼왔습니다."

　스님은 차 명상에 대해 차를 마시는 자체만으로도 신체적·정신적 건강에 도움이 되고, 일하거나 공부하는 도중에도 간편하게 명상할 수 있고, 차를 맛보고 차향을 맡고 차 색을 감상하고 찻잔에 차를 따르는 소리를 듣고 찻잔의 감촉을 느끼는 등 오감(五感) 전체를 활용할 수 있고, 동(動)과 정(靜)이 함께 이뤄지므로 명상의 지루함을 덜 수 있다고 덧붙였다. 선업 스님은 "생활 속에서 차 명상이 익숙해지면 모든 생활도구가 명상의 도구가 될 수 있다"며 "명상이 자유롭게 가능해지면 자신의 감정을 항상 알아차릴 수 있게 되고 원만한 대인관계 형성에도 도움이 된다"고 말했다.

"아낌없이 퍼주는 불교상담개발원 될 것"

　선업 스님은 화두선을 통해 수행의 힘을 얻었다. 무자화두를 들고 정진하던 중 금산 보석사에서 화두일념을 체험했다고 한다. 무아(無我)를 체

🌊 한국명상지도자협회 스님들이 조계종 총무원장 원행 스님을 예방한 모습.

험하면서 공부에 대한 확신이 생겼다.

"저는 공부의 실천 방법으로 '나무마하반야바라밀'을 강조합니다. 나무, 내가 없음(나無)으로서 마하, 내가 커지고, 반야, 지혜가 생기고 바라밀, 나눔을 할 수 있습니다. 걸을 때마다 '나무마하반야바라밀'을 떠올리는 것만으로도 좋은 수행이 될 것입니다."

수행과 포교에 진력하던 중 2004년부터 불교상담개발원 이사를 맡았고 최근에는 불교상담개발원장으로 추대됐다. 불교상담개발원은 1990년 개통된 (사)자비의전화를 모태로 설립된 불교 전문 상담기관으로, 30여 년간 어려운 이웃의 심리적 아픔을 불교적 명상에 기반한 심리상담을 통해 보살피고 치유하는 보살행을 실천하고 있다.

선업 스님은 지난 4월 취임식에서 불교상담개발원의 발전과 역할 강화를 위해 힘쓰겠다고 밝혔다. 선업 스님은 불교 상담과 명상의 플랫폼 기능 강화, 명상과 상담 전문 인력 양성, 불교 명상 및 상담 프로그램 개발·보급, 지자체 등과 연계한 자살 및 중독 예방 사업 적극 수행 등을 상담개발원의 역점 사업으로 제시했다.

스님은 "최고의 명상가이자 상담가인 부처님의 명상과 상담을 과학적으로 연구하고 체계화하여 정체성을 확보하고, 전문화된 교육 시스템을 바탕으로 사회에 공헌할 수 있는 전문 인력을 양성하겠다"며 "특히 불교 명상지도사와 불교상담심리사 교육을 통해 인력을 양성하고 전법과 포교에 기여할 수 있는 명상·상담 프로그램을 개발할 것"이라고 강조했다.

"앞으로 불교상담개발원에서는 전 세계의 모든 명상 정보를 제공할 것입니다. 앞서 밝힌 MTV 전통에 따라 간화선과 사마타, 위빠사나, 불교상담은 물론 서구의 심리 치료까지 폭넓게 가르칠 것입니다. 명상은 마음을 보는 것입니다. 마음을 표현하는 것은 상담이 훨씬 유용합니다. 현대인의 눈높이에 맞춘 명상을 보급하겠습니다."

사회 참여와 나눔 실천 도모를 강조한 스님은 자살 예방 사업과 스마트쉼문화운동에 대해서도 강력한 의지를 피력했다. 스님은 '사회문제로까지 대두된 자살과 같은 문제를 해결할 수 있는 프로그램을 개발하고 사전 예방과 홍보에 적극적으로 나서겠다'고 말했다.

불교상담개발원은 2017년부터 불교계를 대표해 보건복지부 및 서울시 자살예방센터와 협업하여 자살 예방 사업의 초석을 다졌다. 특히 지난해 전국 26개 사찰에서 5000여 명의 불자를 대상으로 '2018 생명살림대법회'를 개최했고, 스마트쉼문화운동본부를 발족해 디지털 과의존 예방에 힘쓰고 있다.

또한 선업 스님은 2016년 봄, 통담선원(通談禪院)을 열었다. 선원의 이름이 특이하다. 많이 접할 수 있는 불교적 명칭이 아니다.

"현통즉담(現通卽談), 이것을 줄여서 '통담'이라고 했습니다. 통은 회통이라는 뜻입니다. 그리고 담은 공부할 때의 법담(法談), 아픔을 어루만져주는 상담(相談), 따뜻한 대화를 뜻하는 정담(情談) 등의 의미를 담고 있습니다. 지금 이 자리에서 서로 통하는 대화를 하는 곳이 통담선원입니다. 명상과 수행을 통해 서로 발전하는 곳이 통담선원입니다."

스님다운 선원 이름이다. 스님은 다시 한 번 명상을 강조하면서, 앞으로도 통합 명상 보급에 진력할 것이라도 강조하고 또 강조했다. 그러면서 명상 수행 방법에 대한 당부의 말씀도 잊지 않았다.

"불교 명상의 세계적 플랫폼 만들 터"

"바야흐로 지금은 명상 시대입니다. 명상하며 경험한 내용을 정리하는 '명상 일지'를 쓰시기를 당부 드립니다. 일지는 자기 내면을 기록하는 작업입니다. 명상하며 자신의 몸과 마음의 변화를 확인하고 또 수행 중 어려움에 대해서 쓰면 좋습니다. 일지의 마무리는 자신의 서원 쓰기로 하세요. 그러면 명상의 숲을 일구는 초석이 될 것입니다." ✿

"불교와 세상을 연결하는 다리가 되겠습니다"

은유와 마음 연구소 대표 **명법 스님**

재야(在野)의 고수가 제도권 안으로 들어온다는 것은 무엇을 의미할까? 단순한 변신일까? 아니면 아래에서부터 변화를 일으키기 위한 발걸음일까?

경북 구미에서 변화의 바람을 일으키고 있는 명법 스님은 '당연히' 후자의 삶을 실천하고 있었다. 스님을 만나기 위해 구미로 향했다.

스님이 세상과 소통하면서 부처님 가르침을 전하고 있는 구미 화엄탑사·구미불교대학은 생각보다 큰 도량이었다. 사진으로 봤을 때는 여느 도심 포교당과 다르지 않게 작고 소박한 것 같았지만, 실제 마주한 도량은 상상 이상이었다.

부처님께 인사를 올리기 위해 2층 대법당으로 향했다. 법당에서는 명법 스님의 지도로 명상 실참이 진행되고 있었다. 조심스럽게 참배를 하고 절 곳곳을 살펴봤다.

재가불자의 체계적이고 전문적인 교육을 위해 건립된 구미불교대학은 2001년 3월 송정동에 70평 규모로 마련됐다. 부처님 가르침을 배우고 실천하고자 하는 불자가 늘어나고 지역 신행 단체의 법회 장소로 사용되면서 새로운 공간 마련이 불가피해졌다.

그래서 2002년 봉곡동 현 위치에 370평 규모의 대지를 마련하고 2004년 8월 불사를 시작해 2005년 이전, 개원했다. 건물의 1층에는 종무소와 공양실을 겸한 법당이 들어섰고, 100여 평 규모의 2층은 대법당으로 꾸며졌다. 2층 대법당은 구미불교대학의 강의를 비롯한 다양한 프로그램이 진행되는 공간으로 사용된다. 지하 1층은 다목적 공간으로 쓰인다.

옥상에는 원래 신라에 불교를 전한 아도 화상이 창건한 도리사의 화엄석탑을 실물 크기로 재현한 석탑이 있었지만, 최근 발생한 포항 지진의 여파로 1층 마당으로 옮겼다. 화엄탑사라는 사명(寺名)도 이 화엄석탑에서 기인했다.

명상 수업이 끝나고 명법 스님이 내려왔다. 몇 년 만에, 그것도 서울이 아닌 구미에서 다시 만난 스님은 변함없이 열정적이었다.

서울에서 구미로 간 사연

스님은 2017년 6월 구미로 내려왔다. 갑작스러운 '이적'이 궁금했다. 구미로 내려오기 직전에 스님을 뵙고 여러 말씀을 들었기 때문이다.

"2016년 어느 날 대구에 있는 아는 스님 절에 갔다가 거기서 우연히 법등 스님을 만났습니다. 스님도 그렇고, 저도 다른 일로 그 절에 갔다가 뵈

"불교와 세상을 연결하는 다리가 되겠습니다"

었어요. 법등 스님께서는 저를 보자마자 아주 반가워하셨어요. 그리고 시간이 지나 2017년 6월 초에 법등 스님이 연락을 하셔서 다시 만났습니다. 스님께서는 대뜸 저에게 화엄탑사와 구미불교대학을 맡아볼 것을 제안하셨어요. 저는 당황스러웠습니다. '주지'라는 자리를 단 한 번도 생각한 적이 없었기 때문입니다. 그 후에도 법등 스님께서 몇 차례 주지를 권하셨어요. 어른께서 여러 번 말씀을 하셔서 고심 끝에 내려오게 됐습니다. 주변에서 주지를 맡는 것도 큰 수행이라고 격려를 많이 해주셨습니다. 하하."

최근까지 직지사 주지를 맡았고 조계종단과 지역에서 포교에 진력했던 법등 스님은 명법 스님을 사실상 스카우트했다. 곡절을 겪으며 침체된 절을 살리기 위해 인재를 영입한 것이다. 명법 스님이 쓴 책 여러 권을 살펴보고 또 불교방송과 불교TV에서 강의하던 모습을 보고 영입을 결심했다고 한다. 법등 스님은 주변 사람에게도 명법 스님을 '모시기 위해' 삼고초려 했다고 말한다.

"주지 소임에 대한 생각 자체가 없었기 때문에 연수를 비롯한 필수 과정을 이수한 것이 하나도 없었습니다. 그래서 3개월짜리 사찰 관리인 임명장을 두 번 받았습니다. 그 기간에 필요한 것을 다 이수하고 나서야 12월에 공식 주지가 됐습니다.

주지를 맡고 제가 다시 승가의 일원이 됐다는 생각을 합니다. 도반과도 자주 만나게 되고, 찾아오는 제자와도 많은 이야기를 나눕니다. 여러 스님을 만나며 많은 것을 배우고 있습니다. 무엇보다 신도님들과 함께하며 공동체를 가꾸어가는 것이 가장 의미 있는 일이 아닐까 합니다."

명법 스님은 화엄탑사·구미불교대학에 와서 눈코 뜰 새 없는 일정을 소화하고 있다. 불교대학 기본 과정이 매주 수요일 오전 11시와 저녁 7시에, 전문 과정은 매주 목요일 오전 11시와 저녁 7시, 경전 과정은 매주 화요일 오후 7시에 각각 진행된다. 모두 200여 명의 불자가 스님의 수업을 듣는다.

　매주 월요일과 화요일에 열리는 명상반 수업은 명상 수행법 강의와 실참, 수행 나누기로 꾸며진다. 곧 명상전문지도사 과정도 개설할 예정이다.

　매주 진행되는 일요가족법회는 1주 차에는 주지스님 법문, 2주 차에는 경전 한 구절 같이 읽기, 3주 차에는 명상, 4주 차에는 관음예문 독송, 5주 차에는 초청 법사 법문 등으로 진행된다. 초하루법회와 관음재일법회도 물론 봉행된다. 신도가 자율적으로 진행하는 여섯 개 팀의 화엄법회도 챙기면 몸이 열 개라도 부족하다.

　절 안의 일정만 있는 것이 아니다. 각급 학교 초청 특강과 명상 아카데미 강의 등 크고 작은 회의와 법문이 끊임없다. 그러고 보니 스님이 맡은 소임만 조계종 국제교류위원, 한국명상지도자협회 이사, 불교평론 편집위원, 한국외국어대학교 법학연구소 내 종교와법센터 불교분과위원장 등 셀 수도 없다. 논문과 책 집필도 쉬지 않는다.

　스님의 열정적인 모습은 구미에서 시작된 것이 결코 아니다. 스님은 오래전부터 불교문화운동을 실천해오고 있었다. 물론 모두 수행을 기본으로 하는 것이다.

"불교와 세상을 연결하는 다리가 되겠습니다"

화엄탑사 구미불교대학 전경.

화엄탑사 법회에서 법문 중인 명법 스님.

은유와 마음 연구소 대표 명법 스님

수행문화 공동체 미르문화원

"제가 상임고문으로 있는 미르문화원(대표 이승숙)은 다양한 특성의 여러 산하 단체가 모여 만들어진 복합 문화운동 조직입니다. 개개 구성 단체의 성향이나 실천 방식은 다르지만 궁극의 지향점은 하나입니다. 사람을 행복하고 자유롭게 하고, 사회를 정의롭고 평화롭게 하며, 우리가 살고 있는 지구를 아름답고 생기 있게 하고자 합니다.

자연에 대한 불경을 거두고, 사람에 대한 불화를 멈추고, 자신에 대한 불편을 버림으로써 평화와 행복 속에 살아가는 참된 삶을 회복하고자 합니다. 정교한 제도도 타락하지 않을 수 없고, 엄격한 규율도 왜곡되지 않을 수 없으니, 깨어 있는 한사람 한사람의 정신과 실천이 희망입니다. 미르문화원은 약탈적 문명을 반성하고 자연과 화해하는 삶을 주창합니다. 미르문화원은 보다 많은 분의 뜻과 마음을 모아 하늘을 오르는 용의 기상으로 활동해 나갈 것입니다."

미르문화원은 '땅과 얼', '무빙템플', '삶ㅇ', '은유와 마음 연구소'라는 네 단체가 힘을 모아 만들어졌다. 땅과 얼(대표 윤승서)은 몸과 마음을 닦는 수행 문화의 진작을 목표로 하며, 한국 전통 활법과 태극권, 요가 등을 통해 심신을 단련하고 고통받는 사람의 치유를 돕는다.

무빙템플(대표 이영미)은 명법 스님과 함께 새로운 불교 공동체를 지향하는 모임으로, 사부대중이 열린 공간에서 만나 탁마하면서 자신의 역량을 개발하고 이웃과 함께 살아가는 삶을 모색한다. 미래에 대한 불안과 이기적 행복 추구에 기대어 유지되는 신행 문화를 지양하고, 사찰 불사에 소모되는 정신적, 물질적 에너지를 수행과 실천에 집중한다. 현대적 삶의

"불교와 세상을 연결하는 다리가 되겠습니다"

<svg> 2016년 10월 9일 열린 미르문화원 개원식에서 인사말을 하고 있는 명법 스님.

은유와 마음 연구소 대표 명법 스님

조건에 맞는 새로운 종교 문화의 대안을 제시하고 불교적 가치를 사회로 확산하기 위한 새로운 불교 공동체를 지향한다.

삶ㅇ(대표 이승숙)은 수행과 명상, 교육 등을 통해 조화로운 삶의 방식을 찾아 실천하며, 재해와 기아를 비롯해 어려움에 처한 이웃을 위한 자원봉사 및 기부 활동을 전개한다.

은유와 마음 연구소(대표 명법 스님)는 인간의 마음과 그 표현인 은유에 대한 통합적 접근을 통해 현대인이 경험하는 정신적 고통을 치유하여 건강하고 조화로운 사회를 만드는 데 기여하고자 한다. 명상과 은유 치료 보급 및 프로그램 개발, 지도사 양성 프로그램을 시행하고 불교와 명상, 인문학의 학제 간 연구와 교육 사업을 추진해 회원 개개인의 자기 치유와 성장을 돕고 다양한 봉사 활동과 공익 활동을 통해 사회적 고통 해결에 앞장설 계획이다.

이 네 단체의 프로그램은 거의 매일 진행된다. 명상과 법회, 자원봉사, 불교와 철학 세미나 등 내용도 풍부하다.

"은유와 마음 연구소는 2012년부터 시작했습니다. 무빙템플은 2013년부터 계속되고 있어요. 여기에 두 단체가 결합해 미르문화원이 됐습니다. 미르문화원 이승숙 대표와는 대학 시절부터 친구입니다. 같이 봉사활동도 다니고 공부도 하면서 훗날 지금의 미르문화원 같은 단체를 만들자고 얘기했었습니다. 시간이 좀 걸렸고, 그렇게 많은 사람이 참여하고 있는 것은 아니지만, 이제 시작입니다. 캐나다에도 제2의 미르문화원을 설립할 준비를 하고 있습니다."

"불교와 세상을 연결하는 다리가 되겠습니다"

불교와 세상의 대화

이처럼 불교의 안과 밖을 넘나드는 스님의 활동은 이미 오래전부터 진행돼왔다. 서울대학교, 홍익대학교, 동국대학교와 같은 대학은 물론이고 대안연구공동체 같은 절 밖의 공간에서도 다양한 강의를 해 왔다. 또 저술을 통해 불교와 세상의 소통을 말하고, 불교와 인문학의 공통점을 찾아왔다.

2014년 '올해의 불서' 대상을 수상한 스님의 저작 『미술관에 간 붓다』가 대표적이다. 스님은 이 책에서 해박한 인문학적 지식을 토대로 불교와 기독교, 동양과 서양, 회화, 조각, 영화 예술을 넘나들며 불교 예술의 사상적, 문화적, 미학적, 역사적 가치를 흥미롭게 풀어낸다.

『은유와 마음』도 스님의 정성이 가득 담긴 책이다. 스님은 이 책에서 은유와 마음 연구소 프로그램의 밑바탕이 되는 철학, 심리학, 불교, 인류학 이론을 쉽고 체계적으로 정리해 소개한다. 스님은 책을 통해 무의식 속에 억압된 절박한 목소리를 드러내고, 각종 문제에 물들지 않은 우리 안의 힘을 회복해 스스로 문제를 해결하도록 돕는다.

이런 스님의 활동은 어쩌면 출가 전부터 '준비'된 것인지 모른다.

"요가 등을 하면서 불교에 관심을 갖기 시작해 한문 공부도 하고 또 경전 공부도 했어요. 불교를 종교로 받아들인 것이 대학 2학년 초였습니다. 삶과 죽음에 대한 고민이 있었고, 결정적으로 윤회를 받아들이게 됐습니다. 경전 공부 모임에 나갔는데, 거기서 저의 출가 본사인 해인사 국일암 스님을 만나 출가하게 됐습니다."

명법 스님은 대학 학사와 석사를 마치고 박사 과정에 입학한 뒤 출가했다. 해인사에서도 엄하기로 소문난 성원 스님을 은사로 모셨고, 쉽지 않은 행자 생활을 거쳤다. 운문사 승가대학을 졸업하고 박사 과정에 복귀해 학위를 마친 뒤 운문사 승가대학 강사로 후학을 지도했다. 2007년에는 운문사 회주 명성 스님으로부터 전강(傳講)을 받기도 했다.

"저는 불교의 안과 밖에서 공부를 했으니 학문을 통해서 세간과 출세간을 연결하는 작업을 하고 싶어요. 절집의 언어와 인문학적 언어를 소통시켜보고 싶어요. 박사 논문도 그런 작업이었던 것 같아요. 처음에는 유식(唯識)으로 논문을 해보려 했는데 후배가 선(禪)을 주제로 하는 것이 어떠냐고 했어요. 그래서 불교와 예술의 연결고리로 선을 연구했습니다. 중국 송 대의 사상과 역사, 사회문화사, 선종사를 공부하면서 논문을 완성했습니다.

송 대 당시를 보면 중국 문화를 크게 변화시키는 데 불교가 중요한 역할을 했습니다. 불교가 도전받는 시대에 불교가 대중 속에서 어떻게 살아남아 사회적 역할을 했는지 하나의 사례가 될 수 있다고 봅니다. 박사후 연구 과정 주제도 '서양 현대 예술에 끼친 선종의 영향'으로 하여 후속 연구를 진행했습니다."

스님은 지금도 끊임없이 연구를 하고 있다. 학문에 대한 연구, 불교가 사회와 소통할 수 있는 방법에 대한 연구, 사람들의 마음을 치유하는 연구 등 끝이 없다.

"얼마 전 성철 큰스님의 책을 다시 봤는데, 그 시절에도 큰스님은 '요즘 세상이 이런 것은 종교인의 책임이 가장 크다'고 하셨어요. 종교인은 인간의 정신을 책임지는 사람이니까요. 그런 점에서 화엄탑사·구미불교대

"불교와 세상을 연결하는 다리가 되겠습니다"

🌀 구미불교대학 수업 모습.

🌀 강의 중인 명법 스님.

은유와 마음 연구소 대표 명법 스님

🌿 화엄탑사에서 불자들과 담소를 나누고 있는 모습.

"불교와 세상을 연결하는 다리가 되겠습니다"

학, 미르문화원과 같은 모임과 시도가 개인의 삶을 변화시키고 이웃과 사회에도 소박한 빛을 밝혀줄 수 있으면 좋겠습니다."

그렇다면 스님의 원력은 무엇일까? 스님은 학인 시절부터의 고민에 대해 털어놨다.

"운문사 승가대학 학인일 때부터의 고민이 '어떻게 수행할 것인가'였습니다. 또 '불교와 세상에 도움을 줄 수 있는 방법이 무엇일까'를 생각했어요. 그러던 중 가장 큰 힌트를 얻은 것이 『화엄경』「보현행원품」이었습니다. 「보현행원품」의 가르침대로만 살자는 다짐을 했고, 지금도 항상 가슴에 새기고 있습니다."

스님은 『화엄경』「보현행원품」을 통해 '불교와 세상을 연결하는 다리가 되겠다'고 서원했다. 서울과 구미 그리고 전국에서 실천되는 스님의 서원은 너무나 소중하고 유효했다.

스님의 말씀을 듣다 보니 『화엄경』「보현행원품」에 설해져 있는 보현 보살 10종 대원(大願)이 떠올랐다.

"부처님을 예경하며, 부처님의 공덕을 찬탄하며, 모든 불·보살·중생에게 공양하며, 지어온 모든 죄업을 참회하며, 다른 이의 공덕을 함께 기뻐하며, 부처님 가르침 듣기를 청하며, 부처님 가르침이 영원히 머물기를 청하며, 부처님 가르침을 따라 배우며, 모든 중생을 이익 되게 하며, 이러한 실천 공덕을 모든 이에게 회향하는 것."

명법 스님의 외유내강을 다시 한 번 확인한 인터뷰는 즐거웠다. 구미와 경상북도 지역에 시원한 불교 바람이 불어올 것이라는 큰 기대를 하면서 절을 나왔다. 🪷

"자연과 조화롭고 세상과 함께하는 삶"

광주전남불교환경연대 **이해모 운영위원장**

영화 제목처럼 꼭 한 번 만나고 싶었다. 스치는 인연이 아니라 오랜 시간 마주 앉아 대화를 나누고 싶은 마음이었다. 부처님 일을 한 지 벌써 10여 년이 지났지만 진지하게 눈빛을 교환하지는 못했다. 거리에서, 법회에서, 행사에서 눈인사를 나눈 정도였을 뿐이다.

그런데 기회가 찾아왔다. 남도에서 불교 NGO 단체를 만들어 왕성하게 활동한다는 이야기가 끊임없이 들려왔다. 그를 아는 사람은 열정과 헌신, 신심과 원력을 하나같이 칭찬했다. 그래서 무작정 남쪽으로 달렸다.

광주시내 조그만 사무실. '광주전남불교환경연대'라는 간판이 사무실보다 더 커 보였다. 약속 시간보다 일찍 도착해 전화를 했더니 부리나케 달려왔다. 멀리 봐도 가까이 봐도 웃는 얼굴이 참 아름답다. 광주전남불교환경연대(이하 환경연대) 이해모 운영위원장, 호남 불교를 살아 숨 쉬게 하는 사람이다.

'신화'가 될 광주전남불교환경연대

문을 열고 사무실에 들어서니 벽면에 큼지막하게 걸려 있는 '불교환경운동의 지향점'이 눈에 들어왔다.

- '생명평화'의 운동이어야 합니다.
- 미래 세대를 포함한 모든 인간이 정상적인 조건에서 살아갈 권리를 보장하는 '인권'운동이어야 합니다.
- 인간이 중심이 아니라 생태계의 모든 구성원의 동등한 가치를 인정하는 '공생'운동이어야 합니다.
- 궁극적으로 불교환경운동은 부처님 가르침대로 사는 '해탈'의 운동이어야 합니다.

불교환경운동의 다른 이름이라고 할 수 있는 수경 스님이 내려준 '지침'이라고 했다. 환경연대는 수경 스님의 당부대로 움직이고 있었다. 여느불교 NGO에서도 보지 못한 활동력으로 광주를 들썩이게 하고 있는 것이다.

환경연대에서 현재 진행하는 프로그램만 열 가지가 넘었다. 환경법회와 빈그릇운동 캠페인을 비롯해 광주전남 지역의 공익활동가 자비의쌀나누기, 초록세상 대중공양, 어린이생태학교 등 헤아릴 수 없다.

"환경연대는 모든 사업에 회차를 붙입니다. 하나하나의 사업을 한번 시작하면 최소 10년 이상, 아니 지속적으로 진행해가고자 회의조차도 회차를 붙여요. 2019년 6월 현재 이사회의(50차), 운영위회의(43차), 광주전남

"자연과 조화롭고 세상과 함께하는 삶"

불교환경연대 상임대표 법만 스님과 자리를 같이 했다.

지역 공익활동가 자비의쌀나누기(11회), 망월동구묘역 주먹밥나누기(11회), 광주시민과 함께하는 연꽃등만들기(10회), 책 읽는 모임 보리수아래(49회), 생태문화 기행 모임 산애들애(81회), 대중공양 모임 초록세상(20회), 친환경 살림 모임 에코맘데이(9회), 자따마따 1박2일(38회), 어린이생태학교(24회), 청소년리더십캠프(6회), 청소년자전거캠프(5회), 청소년지리산마음캠프(7회), 어린이담마스쿨(1회), 두근두근진로여행(2회), 선재역사문화탐방(10회), 청소년인문학교실(5회), 소식지 격월 발간(66호) 등 모든 사업에 이렇게 회차를 붙여가고 있습니다."

수많은 사업의 회차에서 지속성과 연속성이 느껴졌다. 반짝하다 금세 사라지는 수많은 불교 NGO와는 확실히 다르다. 환경연대가 이렇게 사업을 지속적으로 할 수 있는 이유는 회원 조직이 튼튼하기 때문이다. 어린이청소년 회원이 150여 명, 일반 회원은 450여 명에 이른다. 모두 회비를 내는 사람이다. 일반적인 단체, 아니 불교 신도 분포도 그렇지만, '새싹'이 약한 역피라미드 구조의 회원을 가지고 있는 것에 비해 환경연대는 전 세대의 참여가 두드러지는 항아리형 구조다. 환경연대에서 기획하고 진행하는 사업이 번성할 수밖에 없는 이유가 바로 여기에 있었다.

"환경연대는 회원 활동가 양성을 중심에 두고 사업을 진행합니다. 현재 약 600여 명이 회비를 내며 참여하는데, 회원들이 부처님 가르침을 기반으로 해서 주체적이고 자발적인 활동을 통해 자신과 세상의 주인으로서 올곧게 역할을 해나가는 데 중점을 두고 있어요. 현재 회원 소모임이 여덟 개나 있습니다. 풍물 모임 간다르바, 책 읽는 모임 보리수아래, 생태문화 기행 모임 산애들애, 행복한 엄마들 모임 해피맘, 친환경 살림 모임 에코맘, 어린이청소년중창단 무지개선율, 청소년 자원활동가 모임 해피트리, 청소년 지도자 모임 아름드리까지 각각의 모임이 자율적으로 활동을 펼쳐가고 있습니다.

그리고 개인의 수행 못지않게 사회적 참여에 관심을 두고 '상구보리하화중생(上求菩提下化衆生)'의 뜻을 지금 사는 이곳에서 실현해가고자 정진하고 있습니다. 이런 활동을 10년 이상 이어오면서 지역의 시민사회단체에서 불교계를 바라보는 시선이 엄청 좋아졌어요. 불교계가 시민사회의 한 축으로 역할을 해오다 보니 우리 활동에 많은 분이 응원해주고 격려해주고 있습니다. 이런 것이 직접적이지는 않지만 보이지 않은 포교의 힘이 아닌가 생각해봅니다.

"자연과 조화롭고 세상과 함께하는 삶"

🌿 어린이 생태학교 모습.

🌿 영산강 버드나무 방생법회 후 기념사진.

광주전남불교환경연대 이해모 운영위원장

환경연대는 좀 더 안정적이고 지속적인 활동의 틀을 만들고자 지난 2017년 3월부터 논의를 거쳐 그해 6월 말부터 '어린이청소년공동체 나무숲' 센터 건립 불사의 원을 세워서 모연을 진행하고 있습니다. 환경연대의 보금자리라고 할 수 있죠. 많은 분의 정성을 모아 오는 12월 광주시 남구 양림동 펭귄마을 입구에 나무숲 센터의 문을 엽니다. 사무실, 청소년 센터, 교육문화관 등 불교 환경 센터 기능과 어린이와 청소년이 주인이 되는 그런 공간을 만들기 위해 전심전력으로 마음을 모으고 있습니다.

회원들이 십시일반으로 동참해서 만들어질 나무숲 센터는 전국에서 최초로 불교 NGO 활동의 거점을 마련하는 의미 있는 불사가 될 것으로 기대하고 있습니다."

사람의 마음을 녹이는 이해모 위원장님의 미소 속에서 단단한 결심과 원력이 느껴졌다. 원고에 다 담아내지 못할 정도로 열심인 이 위원장님은 어떻게 부처님과 인연을 맺었을까? 근본적 물음으로 화제를 돌렸다.

부처님께 '홀린' 청년

"원래 저희 집안은 믿는 종교가 없었어요. 화순에서 고등학교를 마치고 광주에서 삼수를 하던 때 우연히 광주시내 충장로 원각사 앞을 지나게 됐는데, 게시판에 걸린 청년회 법회 안내 문구를 보고 그다음 날 곧바로 법회에 참석한 것이 인연이 됐습니다. 그때가 1988년 8월 초였는데, 그 당시 원각사청년회 법회 참석 인원이 130명 내외였습니다. 조그만 법당이 가득 찰 정도였어요.

그렇게 많은 인원이 청년회 법회를 진행하는 현장에 먼저 놀랐습니다. 그 당시만 해도 '불교'라고 하면 학교에서 배운 것이 전부였습니다. 스님이 절에서 목탁이나 치고, 산에 절이 있는 정도로만 인식했는데, 아주 우연히 스스로 찾아간 원각사 청년회를 통해서 불교의 새로운 모습을 보았습니다.

그때부터 무언가에 홀린 듯 푹 빠져서 모든 법회나 행사에 빠지지 않고 참여했고, 두 달 만인 그해 10월에 순천 송광사에서 보성 큰스님께 '본연(本然)'이라는 법명을 받았습니다. 이후 대학에 들어가서 '당연하게' 대불련 활동을 하게 됐어요. 원각사 청년회를 통해서 불교와의 인연이 만들어졌다면, 대불련 활동을 통해서는 불교의 사회적 역할을 고민하는 계기가 됐습니다."

이 위원장님은 당시 선덕사 주지 행법 스님과의 인연으로 사찰 종무소에서 일을 했고, 1993년부터 스님과 함께 2박 3일간의 어린이수행학교와 어린이유적답사단을 만들어 프로그램을 이끌었다. 어린이 프로그램을 좀 더 적극적으로 진행하기 위해 레크리에이션 교육과 전문 상담 교육을 받았고, 광주불교어린이지도자회 활동을 하면서 어린이 포교에 더욱 관심을 갖게 됐다.

덕림사 어린이인연학교, 증심사 어린이숲속학교, 원각사 어린이명상학교를 이끌었고, 진도에 있는 쌍계사와 서학사, 향적사에서 어린이한문학교와 어린이캠프를 오랫동안 진행하기도 했다.

"불교를 통해 저의 삶이 바뀌었습니다. 불교를 만나기 전에는 소심하고 부끄러움을 많이 타서 다른 사람 앞에서는 한마디도 이야기하지 못할 정

도였어요. 하하. 20대 초반 불교를 만난 이후 제 삶은 적극적이고 주체적으로 변화했고, 부처님 가르침은 평생을 두고 실천해야 할 제 삶의 의지처이자 지렛대입니다.

불법(佛法)을 만나 30년 넘게 활동을 이어오면서 다양한 경험을 했고, 또 다양한 사람을 만났습니다. 부처님을 만난 것은 제 인생에 그 무엇과도 바꿀 수 없는 소중한 인연의 시작이었으며, 대불련 활동을 통해 불교의 사회적 역할과 참여를 고민하게 된 점은 두 번째 변화의 계기였습니다. 불교를 만나서 제 삶이 바뀌었으며, 특히 불교의 사회적 역할을 통해서 진정 부처님 가르침의 참뜻을 아로새길 수 있었습니다.

상구보리(上求菩提), 자신을 닦아가는 일과 하화중생(下化衆生), 이웃

🌀 광주에서 열린 2019 지구의날 행사 모습.

과 세상을 보듬는 일은 결국 둘이 아님을 몸소 체득했습니다. 상구보리 가 곧 하화중생이며, 하화중생이 곧 상구보리임을 깨달았다고 할까요? 자신을 닦아가는 수행의 향기가 이웃과 세상에 번져가고, 이웃과 세상을 위하는 일이 곧 자신을 변화시키는 일이기에 결국 이 둘은 하나로 만난다 고 생각합니다.

개인의 업과 사회적 공업은 이렇게 긴밀히 연결되어 있기에 자신만을 위한 이기적인 수행을 넘어서 이웃과 세상을 천수천안 관음(觀音)의 손 길로 품어 안고 살아가는 것이 진정 부처님께서 기뻐하는 일임을 배웠습 니다."

광주전남불교환경연대 이해모 운영위원장

실천이 정답이다

이 위원장님의 활동은 멈추지 않았다. 부처님과의 사랑(?)은 곧 결실을 맺기 시작했다.

"활동이 계속 이어져 여러 사찰에서 어린이 프로그램을 진행했고, 여러 단체의 다양한 활동에 참여했어요. 2003년에는 지역의 불교 활동가와 원(願)을 세워 '평화실천광주전남불교연대'를 창립하고 곧바로 사무국장 소임을 맡았습니다. 광주 지역에서 불교의 사회적 역할을 담보하는 단체가 하나밖에 없었기 때문에 일을 시작하니 해야 할 일이 봇물처럼 터졌습니다. 하하."

이 위원장님은 그 후 오랫동안 불교계 활동을 해온 활동가 세 명과 의기투합해 2008년 1월 초 불교 NGO를 만들기로 뜻을 모았다. 수많은 어려움과 난관을 극복하고 마침내 그해 4월 19일 광주 무각사에서 200여 명의 대중이 동참한 가운데 환경연대 창립대회를 열었다.

"2008년부터 지금까지 10년 넘게 활동하면서 단 하루도 환경연대를 생각하지 않은 날이 없었습니다. 저의 40대 전부를 환경연대 활동에 걸었고, 지금 50대에도 환경연대 활동에 전부를 걸며 이어갈 생각입니다. 환경연대 창립 때부터 집행위원장 소임을 맡았고, 이후 조직 체계가 바뀌면서 지금은 운영위원장을 맡고 있습니다.

환경연대는 부처님 가르침에 입각해 활동을 하되, 불교라는 틀에 갇히는 것을 늘 경계해왔습니다. 무엇보다 부처님 가르침을 우리 이웃과 세상에 어떻게 전하며, 불자뿐 아니라 이웃 종교인도 함께 공감하고 공명할 수 있는 일이 무엇인지를 지난하게 고민해왔습니다.

"자연과 조화롭고 세상과 함께하는 삶"

이제 조직이 안정되면서 처음 서원했던 것을 하나하나 실천하는 것 같아 함께해주시는 시각 스님, 무등 스님, 진표 스님, 혜오 스님을 비롯한 여러 스님과 회원님들께 너무 감사한 마음입니다. 그리고 불교환경연대 본부에서 활동하시는 상임대표 법만 스님과 전 상임대표 법일 스님, 공동대표 효진 스님, 유정길 운영위원장, 한주영 사무처장 등 함께 이 길을 가는 모든 분이 고맙습니다."

환경연대는 '자연과 조화로운 삶, 세상과 함께하는 삶'을 지향한다. 자연과 조화되는 삶을 위해 정진하고, 세상과 함께하는 삶을 살아가는 것이 부처님 연기법에 부합하기 때문이다.

"지금껏 그래왔듯이 앞으로도 흔들림 없이 불교의 사회적 역할과 참여를 위해 고민하고 실천해가는 일에 제 전부를 걸고 싶습니다. 환경연대는 이 뜻을 실현해가는 복전(福田)이라고 생각합니다."

이 위원장님의 작은 바람은 곧 큰 물결이 될 것으로 보인다. 몇 시간 동안 그의 말을 들어보니 더 그런 확신을 갖게 됐다. 이 위원장님의 의지가 우리 사회 곳곳으로 전해지기를 기대해본다. 이 위원장님의 다짐은 그래서 더 큰 울림으로 다가온다.

"불교란, 부처님 가르침은 결국 이 시대를 살아가는 모든 이에게 감동을 안겨주고, 모든 이가 공감할 수 있을 때 진정 그 의미가 있으리라 봅니다. 이번 생에 제가 해야 할 몫은 딱 한 가지입니다. 불교의 사회적 역할과 참여, 즉 불교 NGO 활동의 저변을 확장하는 일입니다. 저는 이 역할을 하기 위해 태어났다고 여기고 있습니다. 하하. 부처님을 만난 것도 결국 불교의 사회적 역할을 해내라는 소명이 아닐까 생각해봅니다.

환경연대의 탈핵캠페인.

"자연과 조화롭고 세상과 함께하는 삶"

지금껏 그래왔듯이 앞으로도 흔들림 없이 불교의 사회적 역할과 참여를 위해 고민하고 실천하겠습니다. 서울과 광주를 비롯한 전국의 불교환경연대가 향후 10년, 20년을 넘어 진정 우리 이웃과 세상에 보탬이 되고 기여할 수 있기를 바랍니다.

　이런 일을 하기 위해서는 냉철히 현실을 진단하고, 미래를 조망하며, 현재를 살아가는 사람의 삶 속으로 더욱 깊숙이 들어가야 할 것입니다. 우리 사회의 아픔과 고통을 외면하지 않고 함께하는 길, 그리하여 지금 이 시대를 살아가는 사람에게 따사로운 손길이 되고 믿음이 되고 희망이 되며 든든한 수행공동체를 만들어가는 것이 진정 제 소박한 꿈이자 소망입니다. 감사합니다." ❀

"부처님 법으로 세상의 병고 치유할 것"

(사)한국향도문화협회 문향 이사장 **능혜 스님**

향(香)과 차(茶)는 불교와 불가분의 관계다. 향과 차는 각종 불교 의식에서 빠지지 않고 또 불교의 깊이를 더해주기까지 한다. 절의 이미지를 떠올릴 때 향과 차를 가장 먼저 꼽는 사람도 많다.

향과 차를 앞장서서 보급하는 (사)한국향도문화협회 문향 이사장 능혜 스님을 만나기 위해 길을 나섰다. 경상남도 하동 화개장터를 지나 쌍계사 쪽으로 향하는 길에는 세계중요농업유산에 등재된 야생 차밭이 펼쳐져 있다. 유난히 맑은 지리산 공기를 마시며 바라보는 차밭은 말 그대로 '그림'이다.

이곳에 능혜 스님은 지난 5월 로전문화원을 열었다. 스님은 "로전(爐殿)은 향불을 지키고 이어간다는 뜻"으로, "부처님 법을 바탕으로 세상의 병고를 치유하고자 하는 원력으로 문화원을 설립했다"고 했다. 그리고 "청정한 지리산에서 자라는 유기농 찻잎과 천상의 향기를 가진 침향을 이용한 발효차인 감로다반을 알리고자 하며, 앞으로 좀 더 다양한 차와 향을 활용한 기능성 음료를 개발하고, 건강한 몸과 마음을 청정하게 하는 일을 하겠다”고 전했다.

지상 2층, 지하 2층 규모로 건립된 로전문화원은 2층 다실과 1층 발효차 제조실, 지하 1층 사무실과 휴게실, 지하 2층 직원 숙소로 구성됐다.

건강을 지키는 차

“차는 물 다음으로 소비가 많은 음료로 항산화, 면역 조절, 항고지혈, 혈압 강하, 항감염 및 항당뇨 효과를 포함하여 다양한 생리 활성 작용이 있음이 증명돼왔으며, 발효 숙성 등의 과정에 따라 더욱 상승되는 것으로 알려져 있습니다. 로전문화원에서 만드는 감로다반으로 불자와 국민의 수행과 건강에 도움을 드리겠습니다.”

스님은 차와 건강을 강조했다. 향으로 먼저 알려진 스님이 차와는 어떤 인연이 있을까?

“1990년부터 차에 관심을 갖기 시작했습니다. 그해 하안거를 산청 정각사에서 보냈는데, 처음으로 발효차를 알게 됐습니다. 정각사 인근에 사는 주민 모두가 차를 마실 정도로 그 지역에서는 차가 생활필수품이었죠. 그 후로 봄이 되면 차 여행을 다녔습니다.

1995년 향을 가지고 타이완에서 열린 불교문물교류전에 참여했는데, 거기서 보이차를 알게 됐어요. 행사를 진행하느라 엄청 힘들었는데, 80년 된 보이차를 마시니 입안에 있던 물혹 대여섯 개가 사라졌습니다.”

“부처님 법으로 세상의 병고 치유할 것”

불기 2561(서기2019)년 5월 4일 9

하동군 화개면 용강길5 로전문화원

🌿 로전문화원 개원식에서 헌향례를 선보이고 있는 능혜 스님.

🌿 능혜 스님이 직접 만든 향에 대한 설명을 하고 있다.

(사)한국향도문화협회 문향 이사장 능혜 스님

차에 관심을 갖게 된 스님은 본격적인 연구를 시작했다. 국내는 물론 해외의 차도 구해 주변에 보시했다. 그러던 중 2007년 의성 수정사에서 고불총림 부방장을 역임한 광제 스님을 만났다. 광제 스님은 스님에게 차 연구를 권했다.

"제가 향을 보급하고 있으니 광제 큰스님께서 향차에 대해서도 연구를 해보라고 하셨어요. 그러면서 백양사에서 나오는 오향차(五香茶)를 알려 주셨습니다. 그것이 계기가 되어 침향발효차를 개발하게 됐습니다. 이 차를 주변 사람에게 나누어주었는데, 당뇨 등 지병이 있던 분들이 며칠 만에 병세에 호전이 있다며 연락을 해왔습니다. 그래서 더 많은 사람에게 침향차를 전하기 위해 로전문화원을 만들게 된 것입니다."

스님의 감로다반 차는 지리산에서 채취한 유기농 찻잎을 침향과 섞어 발효한 뒤, 발효된 찻잎을 병차로 만들어서, 자연수로 침향발효차를 열여섯 시간 동안 중탕하여 우려내 파우치로 담아내는 과정을 거친다.

"침향발효차 감로다반은 개발과 동시에 대구한의대학 구세광 교수팀이 '침향을 첨가한 발효 녹차의 2형 당뇨 마우스에 대한 항당뇨 및 당뇨 합병증에 대한 효과'에 대해 2013년 7월부터 12월까지 6개월에 걸쳐 임상 시험을 진행했습니다. 또 2014년 10월부터 2015년 3월까지 진행된 '고지방 사료 공급으로 유발된 비만 당뇨 마우스에서의 침향 첨가 발효에 따른 녹차 추출물의 당뇨 및 당뇨 합병증에 대한 생리 활성 증대 효과' 임상 시험에서도 항산화 효과 증가와 함께 당뇨 및 관련 비만, 고지혈증, 간 및 신장 병증 개선에 효과가 있음이 증명됐습니다. 이 두 차례의 임상 결과는 스위스 영양학회지《뉴트리언츠(NUTRIENTS)》에 2014년 6월과 2015

년 7월 등재됐습니다."

수행의 동반자 향

시간이 흘러 경상북도 성주에 위치한 취운향당으로 향했다. 취운향당은 능혜 스님의 '취운향'이 생산되는 곳이다. 한적한 시골에 자리한 취운향당에 들어서자 전에 경험하지 못했던 느낌의 향기가 온몸을 감싼다. 인공적이고 탁한 기운이 아닌 맑고 투명하고 깨끗한 느낌의 향기가 스며들었다.

1993년부터 취운향당을 이끌고 있는 능혜 스님은 아침부터 바빴다. 평일이지만 향을 알고 싶어 찾아 온 스님과 재가자가 꽤 많았다. 능혜 스님은 정성스럽게 탐방객의 의문을 풀어줬다. 상담이 끝나고 스님과 함께 작업장을 둘러봤다. 향이 만들어지는 과정과 함께 향이 우리 시대에 갖는 의미에 대해 스님은 하나둘 보따리를 풀었다.

"향도의 시작이 불교에 있습니다. 그만큼 불교와 향은 떼려야 뗄 수 없는 관계입니다. 『연명경』에 '향은 생명을 길게 하고 촛(등)불은 복을 증장시킨다'고 했습니다. 총림에서는 '향사'라는 소임을 둘 정도로 향을 중요하게 생각했어요. 향을 통해 호흡을 가다듬었고 또 향을 통해 수행 환경을 조성했습니다. 옛 어른들은 향을 피우지 않고는 수행을 하지 말라고 당부하셨습니다.

향의 재료는 예부터 향약재(香藥材)라고 했어요. 먹을 수 있을 뿐만 아니라 피부에 독성이 생겼을 때 몸에 발라 이를 없애는 역할까지 했기 때문입니다. 전통 향에는 오장육부의 경락을 뚫어주는 오향이 들어갑니다. 폐 기능을 돕는 백단, 심장 기능을 돕는 정향, 신장 기능을 돕는 침향, 위장 기능을 돕는 유향, 간 기능을 돕는 목향의 다섯 가지입니다. 이를 어느 정도로 조합하느냐가 관건이에요.

철저한 검증을 통해 좋은 향은 머리를 맑게 하고 몸에도 이로울 뿐만 아니라, 먹어도 해롭지 않다는 것을 알았어요. 식도를 타고 내려가는 음식은 대부분 변으로 배출되지만, 코로 흡수된 성분은 대뇌피질에 전달돼 곧장 뇌에 이르러 건강을 해칠 수 있기 때문에 향을 만들 때는 100퍼센트 천연 재료를 써야 합니다."

향에 대한 스님의 확신은 확고했다. 스님의 설명은 계속됐다. 말씀을 들으며 궁금해졌다. 스님과 향의 인연은 어떻게 만들어졌을까?

"1985년 안동 봉정사 지조암에서 정진할 때 저보다 선배였던 타공 스님이 향을 만드는 방법, 즉 향방을 전해줬습니다. 해봉 스님이 금강산 마하연의 한 스님에게 물려받은 비법을 타공 스님에게 일러준 것이라고 했습니다. 정말 우연한 인연으로 우리 전통 사찰에서 내려오는 조향 비법을 전해 받은 것입니다. 그때부터 본격적으로 향 공부를 시작했고, 이렇게 우리 시대에 필요한 향을 만들고 있습니다."

스님은 제방에서 정진하며 『방약합편』, 『동의보감』, 『본초강목』 등의 책을 탐독하고 향과 관련된 약재의 효능을 익혔다. 시행착오를 거쳐 50여 가지의 천연 향약재를 조합해 자루향 열 종류, 탑향 두 종류, 가루향 다섯 종류를 만들어냈다.

"저의 은사이신 혜암 큰스님께서는 늘 말씀하셨어요. '세상살이는 수행

🌿 2019년 수미장학회 장학금 전달식에서 증서를 전달하는 능혜 스님.

🌿 장학금 전달 후 기념촬영.

(사)한국향도문화협회 문향 이사장 능혜 스님

에 비해 쉬운 일이다. 눈에 보이고 만져지는 일이기 때문이다. 하지만 우리 안에 부처님이 있다고 믿는 수행은 어렵다. 보이지 않는 대상을 믿어야 하기 때문이다.' 늘 그 가르침을 잊지 않고 지냈습니다. 부처님을 찾기 위해 용맹정진 하는 수행자가 세상일을 힘겨워하면 안 된다고 생각했습니다."

우여곡절 끝에 스님이 만든 향은 전국의 불자는 물론이고 일반 시민도 즐겨 찾는 제품이 됐다. 취운향당이 안정적으로 운영되면서 스님은 '수미장학회'를 만들어 매년 20명이 넘는 학생에게 적지 않은 장학금을 전달하고 있다. 능혜 스님은 "부처님 가르침대로 우리 사회에 회향하는 것일 뿐"이라며 웃었다.

혜암 스님의 격려 덕분에 현재에 이르렀다는 능혜 스님에게 '스승'을 여쭈지 않을 수 없었다. 능혜 스님이 혜암 스님을 만난 것은 간절한 기도 덕분이었다.

스승 혜암 스님도 인정한 제자

"어려서부터 불교에 관심이 많았던 저는 고등학생이 되어 불교 책에 빠져들었습니다. 고등학교 2학년 때까지 아마 200권이 넘는 책을 본 것 같습니다. 운서주굉 스님이 저술한 선어록 『선관책진』과 원효 스님의 『대승보살도』, 청담 스님의 『금강경대강좌』 등이 기억납니다. 책을 읽다 보니 '이렇게 시간을 허비할 것이 아니라 빨리 조사가풍으로 들어가야겠다'는 생각뿐이었습니다. 그래서 1980년 5월 해인사로 갔습니다. 해인사에서

"부처님 법으로 세상의 병고 치유할 것"

만난 스님께서 '학생은 안 된다. 고등학교 졸업하고 오라'고 하셨습니다. 결국 행자실 문 앞에서 다시 돌아왔습니다.

그 후에도 계속 불교 공부를 하다가 3학년 겨울방학이 시작되자마자 출가했습니다. 1981년 12월 26일입니다. 이발소에 가서 삭발을 하고 회색 옷을 입고 갔습니다. 학인스님들은 제가 스님인 줄 알고 저에게 다가와 합장인사를 하고 갔습니다. 나중에 행자실에 있는 저를 보고 깜짝 놀라더 군요. 하하. 입산해보니 30명이 넘는 행자가 있었습니다. 매일 한두 명씩 들어오는 것은 기본이었고, 많을 때는 하루 다섯 명씩 들어왔습니다."

'준비된 행자'였던 스님은 즐겁게 행자 생활을 이어 나갔다. 시간이 되어 계(戒)를 받을 시간이 됐지만, 스님은 은사를 모시지 못했다. 행자 생활 초기부터 해온 절을 더 열심히 했다. 보장전에서 '훌륭한 선지식을 스승으로 모실 수 있게 해달라'는 원(願)을 담아 매일 500배를 올렸다. 그러던 중 우연히 선방스님들로부터 '정진 제일 혜암 스님'에 대한 이야기를 듣게 됐다. 그래서 곧바로 원당암으로 갔다. 하지만 혜암 스님은 지리산 영원사에서 정진 중이었다. 스님은 사중의 허락을 구하고 지리산 영원사로 향했다.

"새벽에 길을 나섰는데도 영원사에 도착하니 낮 12시가 다 됐습니다. 사형 정건 스님이 군에서 막 제대를 하고 큰스님을 모시고 계셨어요. 정건 스님이 '공양부터 하라'고 하셔서 공양을 하고 큰스님께 인사를 드렸습니다.

'왜 중이 되려고 하느냐?'고 큰스님께서 저에게 물으셨습니다. 지금 생각하면 어떤 말이든 하면 되는데, 그때는 어떤 말을 해도 진정한 대답이 될 수 없다는 생각이 들었습니다. 제가 대답을 못하니 큰스님의 긴 법문이 시작됐습니다. 무려 일곱 시간 넘게 꿇어앉아 있었습니다. 법문이 끝나고 큰스님께서 '미련한 놈'이라고 하시며 방으로 들어가시더군요. 방에서 신도님들과 말씀을 나누시면서 '옛 조사들은 미련한 놈 한 명을 공부시켜 제대로 된 중으로 만드는 것을 큰 보람으로 생각했다'는 말씀을 하셔서 조금 마음이 놓였습니다. 다음 날 아침 다시 인사를 드리니 해인사 원당암으로 가 원주스님한테 가사와 발우를 받으라고 하셨습니다. 그러면서 저에게 '능혜(能慧)'라는 법명을 내려주셨습니다. 육조혜능 스님의 법명을 순서만 바꾼 것이어서 큰 부담 속에서 법명을 받았습니다. 하하."

1982년 10월 부산 범어사에서 계를 받은 스님은 다시 영원사로 향했다. 그렇게 스님은 혜암 스님을 모시고 정진하기 시작했다. 두 스님은 영원사에서 청매 토굴로 바로 이동했다. 1982년 동안거 때다.

"손이 보일 때 일을 시작해서 손이 안 보이면 일을 끝내는 일과였습니다. 해가 뜰 때부터 해가 질 때까지 계속 일을 했다는 말입니다. 하하.

장작 패기, 나무 베기, 길 만들기, 풀 깎기는 기본이었고 눈에 보이는 일은 모조리 했습니다. 그렇게 일을 하고 밤에 정진을 하는데 졸려서 참을 수가 없어요. 그러면 그때부터 큰스님께서 법문을 해주십니다. 하루 네 시간의 법문은 기본입니다. 그렇게 5개월을 보냈습니다. 저에게는 정말 소중했던 시간입니다. 나중에 큰스님의 80세 생신 날 사형 여연 스님께서 큰스님께 '그동안 계셨던 곳 중 어디가 가장 기억에 남으십니까?'라고 여쭌 적이 있습니다. 그때 큰스님께서는 '능혜랑 청매 토굴 살 때가 제일 좋았지!'라고 말씀하셨습니다. 큰스님께서 해인사에 들르실 때면 '청매 토

"부처님 법으로 세상의 병고 치유할 것"

🪷 지리산 영원사에서 혜암 스님과의 추억을 전하고 있는 능혜 스님.

215

꽃 해인총림 방장에 추대된 혜암 스님을 모시고 자리를 같이 한 스님들. 맨 뒷줄 중앙이 능혜 스님이다.

"부처님 법으로 세상의 병고 치유할 것"

굴에 있는 내 상좌가 공부도 열심히 하고 일도 잘한다'고 자랑 아닌 자랑을 하셨다고 합니다. 하하."

1983년 하안거까지 청매 토굴에서 정진한 스님은 해인사로 돌아와 혜암 스님을 모셨다. 사미(沙彌)는 퇴설당 방부가 불허됐지만 혜암 스님 시자로 대중과 같이 정진했다. 그 후에도 스님은 제방에서 정진을 계속했다. 스님은 1985년 고금당 선원에서 대중과 함께 1년 용맹정진을 하기도 했다.

능혜 스님은 정진에 힘을 쓰면서 취운향당을 설립했다. 그리고 다시 로전문화원을 개원했다.

"차와 향으로 부처님 가르침을 전할 것입니다. 차와 향으로 대중을 제도할 것입니다."

짧고 굵은 스님의 다짐이 세상 속으로 퍼져가고 있었다. 긴 인터뷰가 끝나고 자리를 정리하는데 스님의 방 한쪽에 적힌 '향십덕(香十德)'이 눈에 들어왔다. 능혜 스님의 간절한 원력과 다르지 않아 보였다. 🍁

"모든 불자와 국민이
행복해지기를 기원합니다"

조계종 중앙신도회 이기흥 회장

한국을 대표하는 국제올림픽위원회(IOC) 신임 위원에 이기흥 조계종 중앙신도회 회장님이 뽑혔다. 대한체육회장도 함께 맡고 있는 불자 IOC 위원이 탄생한 것이다.

이 회장님은 한국 시간으로 6월 26일 밤 스위스 로잔의 스위스테크 컨벤션센터에서 열린 제134차 IOC 총회에서 IOC 위원으로 뽑혔다. 5월 23일 집행위원회에서 추천된 후보 10명을 대상으로 이날 총회에서 전자투표가 진행됐으며, 이 회장님은 총 64표 중 찬성 57표(반대 5표, 기권 2표)의 압도적 지지를 받았다. 토마스 바흐 IOC 위원장은 투표 결과를 발표하며 이 회장님에게 축하 인사를 건넸고, IOC 위원들은 박수를 보냈다. 이로써 우리나라를 대표하는 IOC 위원은 유승민 선수위원과 더불어 두 명으로 늘어났다.

한국 스포츠의 쾌거, 불자 IOC 위원

IOC는 5월 23일 IOC 윤리위원회의 심사를 거쳐 개인 자격 후보 일곱 명과 이 회장 등 국가올림픽위원회(NOC) 회장 자격 후보 세 명을 새 위원 후보로 확정했다. IOC는 "열 명의 후보는 '어젠다 2020'에 따라 지역, 문화, 사회, 정치, 경제, 스포츠 경영 등 다방면에서 전문성과 지리적 위치, 양성 평등 등을 고려해 선정했다"라고 설명했다.

우리나라는 다시 복수 IOC 위원 시대를 열어 국제 스포츠 무대에서 영향력을 높일 수 있을 것으로 기대된다. 한국은 2000년대 초반 고(故) 김운용 위원, 박용성 위원, 이건희 위원의 세 IOC 위원을 앞세워 적극적인 스포츠 외교를 펼쳤다.

그러나 '솔트레이크시티 스캔들'과 체육 단체 공금 유용 등으로 제명 위기에 몰린 김운용 위원이 2005년 사임하고, 박용성 위원도 두산그룹 경영에 전념하겠다며 2007년 국제유도연맹 회장직을 사퇴함에 따라 IOC 위원 자격을 잃었다. 2017년엔 삼성전자 이건희 회장마저 와병으로 IOC 위원직을 반납해 한국의 IOC 위원은 유승민 선수위원만 남았다.

이 회장님이 IOC 위원으로 선출되면서 한국 스포츠는 도약의 기회를 맞았다. 현재 아시아에서는 중국이 세 명으로 가장 많은 IOC 위원을 두고 있다. 일본은 IOC 위원이 한 명뿐이다. 북한은 장웅 위원이 지난해 정년으로 퇴임한 뒤 새 IOC 위원을 배출하지 못하고 있다.

이기홍 회장님은 2016년 대한체육회와 국민생활체육회를 합친 통합 대한체육회의 수장으로 선출되며 NOC 수장이 됐다. 2017년 6월 대한체육회 이사회를 거쳐 NOC 수장 자격의 IOC 위원 후보로 등록했다. 이때 낸

신청서의 자료가 IOC 윤리위원회를 통과하면서 IOC 위원 추천의 결실을 맺은 것이다.

이기흥 회장님은 IOC 위원으로 선출된 직후 "지난해 평창동계올림픽을 성공적으로 개최했기에 IOC가 우리 국민에게 드린 선물이라고 생각한 다. 내년 열리는 도쿄올림픽에서 기대에 어긋나지 않도록 잘 준비하겠다" 라고 말했다. 또한 "한국 스포츠에는 2032년 하계올림픽 남북 공동 개최 등 당면한 과제가 많은 만큼 체육 관계자는 물론이고 정부 관계자와도 머리를 맞대 우리 스포츠의 위상을 높이도록 노력하겠다"라고도 밝혔다.

문재인 대통령도 이 회장님의 IOC 위원 선출을 축하했다. 문 대통령은 6월 27일 이 회장님이 IOC 위원으로 선출된 것에 대해 "우리 국민이 함께

얻어낸 값진 결과라고 생각한다"라고 밝혔다. 문 대통령은 이날 자신의 페이스북을 통해 "이 회장의 IOC 위원 선출을 국민들과 함께 축하한다"라며 이같이 말했다.

문 대통령은 "우리 국민은 평창동계올림픽과 패럴림픽의 성공을 위해 힘을 모아주셨고, 성공적으로 평화올림픽을 만들어냈다"라며 "이뿐만 아니라 주요 국제경기대회를 빛나게 치러냄으로써 국제 체육계에서 대한민국의 위상은 한층 높아질 수 있었다"라고 말했다. 이어서 "우리는 이제 2020년 도쿄하계올림픽과 2022년 베이징동계올림픽을 앞두고 있다. 아시아에서 개최되는 두 개의 올림픽은 평창동계올림픽에서 이뤄진 평화와 화해의 정신을 완성할 수 있는 좋은 기회"라고 강조했다.

또 "우리는 2032년 남북이 함께 하계올림픽을 유치하려는 목표를 갖고 있다. 그 어느 때보다 이 위원님의 어깨가 무겁겠지만 정부가 함께 노력할 것"이라며 "국제 사회에서 가교 역할을 잘해주실 것이라 믿는다"라고 덧붙였다.

올림픽 헌장이 규정한 IOC 위원의 정원은 115명이다. 위원은 개인 자격 70명, NOC·종목별 국제연맹(IF) 대표와 8년 임기 선수위원 각 15명씩이다. 현재 IOC 위원은 총 71개국 95명이며, 이번에 추천된 10명이 최종 선출되면서 105명으로 늘어났다.

열정과 원력 가득한 '전국 일주'

회장님은 IOC 총회를 마치고 귀국하자마자 바로 지방으로 향했다. 중

"모든 불자와 국민이 행복해지기를 기원합니다"

앙신도회가 6월 29~30일 천안 국립중앙청소년수련원에서 개최한 '2019 행복바라미 워크숍'을 주관하기 위해서였다. 이번 워크숍은 행복바라미 캠페인의 7년을 되돌아보는 자리로, 그동안 지역문화제와 나눔 문화 캠페인을 펼친 교구신도회, 신도 단체와 연중 모금 캠페인을 실천하는 전국 300여 주요 사찰의 신도회 및 관계자 등 약 1000여 명이 참석했다.

이기홍 회장님의 IOC 위원 당선과 행복바라미 워크숍을 보면서 몇 년 전 만남이 생각났다. 회장님은 폭염 속에서도 전국의 재가 불자들을 만나느라 땀 닦을 시간도 없이 동분서주하고 있었다.

"100일 일정으로 전국의 주요 사찰 300곳을 순회하고 있습니다. 중앙신도회의 중점 사업인 '행복바라미'와 '불자답게 삽시다' 캠페인을 홍보하고 지역 불자의 의견을 수렴하고 있어요.

많은 분을 만나며 제가 힘을 받고 있습니다. 충남 서천에 있는 봉서사에 갔더니 주지스님께서 '한국 불교 1700년 만에 중앙신도회장이 처음 오셨다'며 아주 정성스럽게 저를 맞아주셨습니다. 절이 있는 지역의 면장님과 지역 신문사 기자까지 초청해 자리를 마련해주셨습니다. 경상북도 고령에 있는 반룡사에 갔을 때는 밥을 먹은 지 얼마 안 됐는데도 진수성찬의 공양을 주서서 행복하게 밥을 먹었던 기억이 납니다. 만났던 모든 인연이 저에게는 너무 소중합니다."

전국 순회는 지구 한 바퀴의 거리다. 그래도 쉬지 않았다. 지칠 법도 했지만 표정에는 열정이 넘쳤다. 이기홍 회장님을 만났을 때는 중앙신도회 26대 회장으로 선출된 직후였다. 한 번 더 소임을 맡아 4년간 재가불자들과 함께하려 했던 때다. 이 회장님은 중앙신도회의 활동 방향을 거침없이 제시했다.

"제가 중앙신도회 회장이라는 막중한 직책을 감히 한 번 더 맡은 것은 25대 임기 4년 동안 행복바라미 캠페인을 통해 불교의 사회적 공헌과 역할, 이를 통한 신도 조직화 등 그동안 뿌린 씨앗이 열매를 맺을 수 있도록 마무리를 하고자 하는 마음 때문입니다.

그래서 '행복바라미 캠페인의 정착과 확산: 행복바라미 운동의 확산과 전통문화의 보존 및 계승', '신도회 활성화를 통한 재가 불자들의 역할 강화: 신도 조직 강화와 조직적 신도 관리, 불자답게 살기 운동 확산, 신도회 자립 기반 강화', '종단외호와 불교의 사회적 역할 강화: 불자 연대를 통한 종단외호, 직능 단체 활성화, 불교의 사회적 역할 강화를 통한 불자 자긍심 제고' 등에 주력할 계획입니다."

이 회장님은 특히 행복바라미 캠페인의 정착과 확산을 강조했다. 행복바라미 캠페인은 이 회장님이 첫 번째 임기 초인 2013년부터 진행한 사회공헌 캠페인으로 다양한 화제를 불러일으켰다.

중앙신도회는 행복바라미 캠페인을 통해 지금까지 총 15억 원을 모금해 독거노인 지원, 청소년 장학금 지급, 탈북 이주민과 다문화 가정 지원 활동 등을 펼쳐왔다. 총 2203명의 시민이 행복바라미의 지원을 받았다.

"중앙신도회는 2013년부터 행복바라미 캠페인을 시작해 7년 차가 되는 올해는 지난 4월 청계광장에서 알림식을 시작으로 전국 20개 교구신도회와 포교사단 13개 지역단이 함께 지역문화제와 나눔 문화 캠페인을 펼치고 있습니다.

행복을 나누고 희망을 노래하는 행복바라미 캠페인은 행복과 희망이

"모든 불자와 국민이 행복해지기를 기원합니다"

2016년 전국사찰을 순회할 당시 보성 봉갑사 주지 각안 스님 등과 함께 한 모습.

조계종 중앙신도회 이기홍 회장

🌊 2019 행복바라미 워크숍에서 포교원장 지홍 스님으로부터 축하패를 받고 있는 회장님.

"모든 불자와 국민이 행복해지기를 기원합니다"

라는 말은 매우 이상적이면서도 현실적인 말이라는 고민에서 시작한 캠페인입니다. 행복과 희망을 바라는 마음은 항상 내 안에 있지만, 행복과 희망을 만드는 건 내 손에 달렸기 때문입니다. 가까운 사찰, 거리에서 행복바라미를 만나시면 반갑게 인사를 전해주세요. 포교사님들과 불자님들께 큰 힘이 될 것입니다."

2019년 행복바라미는 서울보다 전국 곳곳에서 기부 문화와 전통문화 축제를 알리는 범국민적 행사로 열렸다. 중앙신도회는 서울 행사 규모를 축소하고 각 지역 축제에 무게중심을 뒀다. 지난해 축제가 열린 전국 주요 도시 수가 두 배 넘게 증가했다. 서울을 포함한 10개 도시에서 진행된 행복바라미가 올해는 21개 지역에서 열린 것이다. 전통문화 계승과 나눔 문화 확산을 위한 지역문화제는 남양주, 인천, 수원, 공주, 김제, 전주, 광주, 강릉, 평창, 청주, 의성, 김천, 대구, 경주, 울산, 부산, 진주, 합천, 제주 등지에서 4월 7일을 시작으로 7월까지 전개됐다.

참여하는 각 지역의 교구 본사도 대폭 증가했다. 지난해 아홉 개 교구 본사가 동참했다면 올해는 20개의 교구 본사가 참여했다. 즉 용주사, 신흥사, 월정사, 법주사, 마곡사, 직지사, 동화사, 은해사, 불국사, 해인사, 범어사, 통도사, 금산사, 백양사, 화엄사, 송광사, 대흥사, 관음사, 선운사, 봉선사 교구 본사에서 행복바라미를 주최했다. 이기흥 회장님이 3월 11일부터 26일까지 각 교구 본사와 신도회를 직접 만나 행복바라미의 취지를 설명하고 동참을 권선, 각 교구 본사에서 적극적인 참여를 약속한 데 따른 결과다.

이기흥 회장님은 "국민에게 불자의 사회 공헌을 알리고, 불자에게는 1

년에 한 번이라도 봉축 기간 동안 소외된 이웃을 돌아보는 계기가 바로 행복바라미"라며 "각 교구가 말사, 신도회의 동참으로 행복바라미가 전국으로 뿌리내린다면 구세군의 자선냄비에 준하는 기부 문화가 될 수 있다"고 강조했다. 행복바라미의 가장 큰 특징인 범국민 나눔문화 캠페인은 4월 13일부터 27일까지 15일 동안 전국 508개 모금소에서 진행됐다.

이 회장님은 신도회 본연의 역할과 기능도 중요하지만 종단외호도 빼놓을 수 없다고 덧붙였다.

"종교 편향 정책과 불교에 대한 왜곡된 시각 등 외풍에서 불교를 지켜내는 것은 재가 불자의 몫입니다. 이를 위해 각 직능 단체 신도회를 활성화하여 인적, 사회적 네트워크를 구축하고 재가 불자의 인적, 사회적 연대를 통해 종교 간 평화를 실현하고 불교의 위상이 더욱 강화되도록 하겠습니다."

중앙신도회는 지난 5월부터 6개월 동안 매월 한 차례씩 총 다섯 번의 신도 단체 실무자 연수인 '수행바라미'를 실시하고 있다. 수행바라미는 신도 조직 실무자가 수행 도량 다섯 곳을 찾아 계율, 간경, 염불, 참선, 보살행이라는 다섯 개의 수행 주제에 대한 법문을 듣고 실참을 병행하는 기도 수행 순례다.

수행 주제 '계율'은 5월 31일부터 6월 1일까지 강원도 인제 백담사 봉정암에서, '간경'은 7월 20일부터 21일까지 오대산 상원사에서, '염불'은 8월 31일부터 9월 1일까지 남해 보리암에서, '참선'은 9월 28일부터 29일까지 여수 향일암에서, '보살행'은 10월 26일부터 27일까지 강화도 보문사에서 각각 진행된다.

네팔에서 행복바라미 캠페인 봉사활동을 하고 있다.

"모든 인연에 감사할 뿐"

앞서 전했듯이 이기흥 회장님은 체육계에서 먼저 소문이 난 불자였다. 체육계에서 해보지 않은 소임이 없을 정도다.

"1997년 대한근대5종연맹 부회장을 시작으로 카누연맹, 수영연맹 등의 회장을 지냈고, 2012 런던올림픽 선수단장, 2010년 광저우 아시안게임 선수단장 등을 맡았습니다.

조계종 체육인불자연합회 초대 회장으로 불자회 창립 및 태릉선수촌과 올림픽공원에 법당을 개원한 것이 가장 기억에 남습니다. 체육계 일을 하며 80여 개국을 다녔습니다. 또 수많은 체육계 명사를 만났습니다. 이런 경험이 쌓여 현재 신도회장 소임을 그래도 원만하게 하고 있지 않나

🌊 대한체육회장 취임식에서 인사말씀을 하고 있는 이기흥 회장님.

생각합니다."

그러고 보니 올림픽이나 아시안게임을 마치고 돌아오는 선수단의 맨 앞에서 선수들을 이끌던 이 회장님의 모습이 아직도 기억에 생생하다.

이야기를 들으면서 궁금해졌다. 이 회장님의 불연(佛緣)은 무엇일까? '멋쩍은' 웃음을 보인 이 회장님이 이야기보따리를 풀기 시작했다.

"제가 불교의 '존재'를 알게 된 것은 어떻게든 저를 살려내고자 하는 부모님의 눈물겨운 노력 덕분이었습니다. 초등학교 4학년 때 저는 당시 유행처럼 번졌던 이질에 걸렸습니다. 아버지 지게에 얹혀 병원에 수십 차례 갔지만 병이 물러갈 기미를 보이지 않았습니다. 병원에서도 치료가 어렵게 되자 동네 어르신들은 부모님께 지푸라기라도 잡는 심정으로 절에 가

"모든 불자와 국민이 행복해지기를 기원합니다"

서 기도를 해보라고 권하셨습니다.

　어머니는 저를 업고 옆 동네에 있던 비구니스님 사찰에서 정성스레 불공을 올렸습니다. 땀과 눈물이 범벅된 어머니의 모습은 아직도 저에게 죄송함과 감사한 기억으로 남아 있습니다. 어머니의 정성과 부처님의 가피 덕분이었는지 며칠 만에 병은 깨끗하게 나았습니다."

　그렇게 부처님과의 인연은 시작됐다. 그 후 대전의 종립 중학교에 입학한 이 회장님은 학교에서 청담 스님과 운허 스님 등을 친견했고 법문도 들었다.

　"지금 돌이켜 생각해보면 청담 큰스님께서는 '무상(無常)'을 자주 말씀하셨고, 운허 큰스님께서도 '일체유심조(一切唯心造)'의 가르침을 전하신 것으로 기억합니다.

　이후에도 탄성 큰스님, 법장 큰스님, 혜총 큰스님 등의 가르침을 받았습니다. 혜총 스님께는 '보승(寶勝)'이라는 법명도 받았습니다. 늦었지만 제대로 불자가 된 것 같아 너무 기뻤습니다."

　이야기가 무르익을 때쯤 이 회장님의 주변이 바빠지기 시작했다. 다음 일정을 위해 자리를 정리해야 했다. 그래도 전혀 서운하지 않았다. 지면을 통한 인터뷰도 좋지만 불자를 한 사람이라도 더 만나는 것도 매우 중요한 일이기 때문이다. 이 회장님은 시계를 보면서도 불자로서의 다짐을 잊지 않았다.

　"우리 사회의 크고 작은 문제를 해결할 수 있는 방법은 부처님 가르침에 다 녹아 있습니다. 사람들이 지혜와 자비, 중도만 제대로 알아도 좀 더 조화롭고 평화로운 사회가 될 것입니다. 너무나도 훌륭한 부처님 가르침이 온 세상에 전해지고 또 부처님 법을 실천하는 불자가 많이 나오기를 기대합니다. 불국정토(佛國淨土)는 모든 사람이 조화롭고 안락한 사회입니다. 함께 불국정토를 만들어봅시다."

이 회장님은 불법(佛法)에 대해 확신에 차 있었다. 그간 다소 수동적이고 소극적이었던 중앙신도회가 이제는 정말로 '수처작주 입처개진(隨處作主 立處皆眞)' 하는 신도의 대표 기관으로 거듭났다는 평가가 이어지고 있다. 신도회장으로서 많은 불자를 만나고 또 한국을 대표하는 IOC 위원으로 세계 곳곳을 누비는 이 회장님의 발걸음에 대한민국의 시선이 모아지고 있다. ❁

"모든 불자와 국민이 행복해지기를 기원합니다"

조계종 중앙신도회 이기흥 회장

"국민의 쉼터가 되는 불교 만들 터"

구례 화엄사 주지 **덕문 스님**

　시작부터 달랐다. 여느 사찰의 호화로운 진산식이 아니었다. 현안을 풀고 미래를 준비하기 위해 대중 전체가 머리를 맞댔다. 2017년 6월 13일 열린 '화엄사 문화재의 보존과 활용: 문화재, 국민 속으로 가다' 세미나가 그랬다.

　이날 세미나에서 화엄사 주지 덕문 스님은 "기존의 건물 불사에서 벗어나 다양한 사찰 문화 콘텐츠를 개발하고 보급해 불교문화유산 관람권을 국민에게 돌려주는 불사에 주력하겠다"라고 선언했다. 세미나는 화엄사의 스님과 학계의 문화재 전문가뿐 아니라 문화재청 실무자들이 직접 발표자로 나서서 눈길을 끌었다. 덕문 스님은 화엄사 문화재에 대한 소개도 잊지 않았다.

　"화엄사 자체가 사적(제505호)으로 지정돼 있습니다. 네 점의 국보와 여덟 점의 보물, 두 건의 천연기념물과 두 건의 지방유형문화재가 있어요. 그 외에도 화엄사의 역사와 함께해온 많은 유물이 비지정 문화재로 산재해 있습니다. 화엄사의 모든 문화재가 다 소중하지만, 특히 국보 중에서는 현재 해체돼 보수 중에 있는 사사자삼층석탑(제35호)이, 보물 중에서는 화엄석경(제1040호)이 그 형태의 특이성과 희귀성, 불교사적인 면에서 매우 독보적이라 할 수 있습니다."

진산식을 대신한 행사는 또 있었다. 세미나에 앞서 화엄사는 저소득 장애인 가정을 위한 자비의 쌀 200포대(2000킬로그램)를 구례군에 기탁했다.

첫 단추를 잘 꿰었으니 다른 단추도 짜임새 있고 올바르게 맞춰지기 시작했다. '단추'의 내용을 확인하러 지리산으로 향했다. 덕문 스님 주지 취임 후 2년 만이다.

지리산을 장엄한 '화엄사 콘텐츠'

언제나 그렇듯 스님은 고무신을 신고 있었다. 지리산에서 '고무신을 신은 키 큰 스님'은 어김없이 덕문 스님이다. 스님을 졸졸 따라다니며 경내 곳곳을 둘러봤다. 스님의 공언대로 화엄사는 불교 콘텐츠가 살아 숨 쉬는 사찰로 변했다. 10여 년 전 들렀던 화엄사가 한층 더 업그레이드되고 있음을 느낄 수 있었다. 역시 가장 눈에 띄는 것은 다양한 수행 신행 프로그램이다.

매월 첫째 토요일에 열리는 '화엄법회'는 화엄사 대중이 함께하는 법석이다. 법회를 수시로 열기 힘든 농촌 사찰의 특성을 고려해 한 달에 하루

🏵 덕문 스님이 화엄사 초하루법회에서 직접 축원을 하고 있다.

🏵 덕문 스님이 부처님오신날 봉축법회에서 학생에게 상장과 장학금을 전달하고 있다.

구례 화엄사 주지 덕문 스님

절친한 도반인 금강 스님과 함께 진도 팽목항을 찾아
세월호의 아픔에 대해 담소를 나누고 있는 덕문 스님.

"국민의 쉼터가 되는 불교 만들 터"

만이라도 대중이 함께 모일 수 있는 기회를 만들었다. 그동안 한국 불교를 대표하는 선지식이 지리산에서 사자후를 토해냈다.

'선재불교대학'도 히트 상품이다. 신도 교육의 목적을 명확히 하고 제대로 된 교과 과정을 개설하고 훌륭한 강사진을 섭외하면 성공한다는 '법칙'을 확인했다. 썰렁했던 강의실의 자리가 채워지면서 '선차반' 등 소모임이 만들어지기 시작했다. 2018년 1학기 20명에서 2019년 1학기는 50명으로 입학생 수는 계속 증가하고 있다.

사찰 음식 강좌인 '산사의 밥상'에는 매 기수 50여 명이 등록한다. 지금까지 8기가 졸업했으며, 올가을 9기 모집을 앞두고 있다. 이미 신청이 줄을 잇고 있다. '산사의 밥상'은 수십 년 동안 화엄사 공양주로서 대중의 공양을 책임지는 마하연 보살님이 맡아 직접 사찰 음식의 비법을 전하고 있다. 현실과 괴리된 것이 아닌 '진짜' 사찰 음식을 배우고 맛볼 수 있다.

매주 일요일 지리산을 들썩이게 하는 50여 명의 어린이·청소년은 '선재어린이회'와 '문수청소년법회' 소속 불자다. 새싹 불자는 화엄사에서 다양한 신행 활동을 하고 정기적으로 해외 성지순례도 다녀오면서 신심을 키워가고 있다. 화엄사 장학금까지 받으며 부처님 가르침을 배우고 있으니 일석오조의 기쁨을 맛보는 셈이다. 어린이·청소년 법회는 화엄사의 순천대학교 불교학생회 지원과 자연스럽게 연결됐다. 화엄사의 어린이·청소년 법회에는 아이들과 함께 오는 학부모를 위한 프로그램도 있어 자연스럽게 가족 신행이 이뤄지고 있다.

지역 농민회와의 상생과 협업도 눈여겨볼 만하다. 2005년부터 시작된 협력은 2007년부터는 '통일쌀 보내기'로 이어졌다. 매년 농민회 영농 발대식에 화엄사에서는 500만 원의 발전 기금을 전달하고, 농민회에서는 매년 동지 법회가 열리면 그해 수확한 농산물을 각황전 부처님 전에 올린다.

'화엄음악제'는 2006년부터 시작된 지리산의 대표적인 문화 프로그램이다. 아름다움을 창조하는 행위인 '예술'과 우리 내면의 '영성'이라는 쉽지 않은 주제를 하나의 시간과 공간에 녹여내는 진지한 실험의 장(場)인 동시에 즐거운 축제의 마당으로서 화엄음악제는 긴 시간 그 역할을 해오고 있다.

대표 프로그램만을 확인하는 데도 시간이 꽤 흘렀다. 지역민을 위한 만발공양과 보훈 가족을 초청해 위로하는 산사의 밥상, 저소득 가정을 위한 자비의 쌀 나눔과 연탄 나눔, 두 차례의 성금 전달식 등을 구체적으로 정리하지 못하는 것이 안타까울 정도다. 덕문 스님은 이와 같은 다양한 프로그램이 '철저하게' 신도와 함께 만들어가는 것임을 밝혔다.

"신도운영위원회를 매월 개최하여 사중의 행정을 철저하게 공개해 재정의 투명성을 높이고, 사찰 운영 전반을 함께 공유하고 있습니다. 공개적이고 투명한 종무 행정의 집행과 더불어 대중 화합과 대중 복리에 기초한 본사 운영을 진행한다면 어떤 어려움도 극복해 나갈 수 있다는 믿음을 가지고 모든 일을 진행하고 있습니다."

화엄사가 남도의 대표 사찰로 거듭날 수 있었던 것은 덕문 스님의 출가 본사에 대한 애정에서 비롯됐다고 할 수도 있다. 스님의 출가 인연도 궁금해졌다.

이판(理判)에서 사판(事判)으로 꿈이 바뀐 사연

"저는 전라남도 강진읍 송덕리 솔치 출신입니다. 고향은 절골로 유명했습니다. 초등학교 시절부터 모친을 따라 동네의 고성암을 다녔습니다. 부모님께서는 조계총림 방장 구산 큰스님과 인연이 깊었고 제 속가 집에도 여러 번 오셨습니다. 어렸을 때부터 잿빛 장삼에 걸망을 메고 자유롭게 만행하는 스님의 모습이 좋아 보여서 고등학교를 졸업하자마자 출가하게 됐습니다. 해인사는 너무 멀고, 대흥사는 너무 가까웠으며, 송광사는 구산 큰스님 열반 직후라서, 화엄사로 가는 버스에 몸을 싣게 됐습니다. 당시 화엄사 주지였던 종원 큰스님이 머리를 깎아주셔서 행자 생활을 시작했습니다. 하하."

10여 명의 행자 도반과 함께 계를 받은 스님은 종원 스님의 '분배'에 따라 당시 여수 한산사 주지 종열 스님의 맏상좌가 됐다. 막내 행자가 막내 주지스님의 제자가 된 것이다.

군종병으로 군대를 마치고 난 뒤 덕문 스님은 해인사, 통도사, 천왕사, 봉암사 등 여러 선방을 다니며 무(無)자화두를 들었다. 종열 스님은 눈 푸른 납자가 되기를 서원한 상좌 덕문 스님에게 직접 화두를 내려주었다. 성철 스님, 법전 스님, 일타 스님 등 당대의 선지식에게 지도를 받으며 화두 참구에 매달렸다. 장좌불와(長坐不臥)와 용맹정진을 하면서 천일기도도 병행했다. 용인 백련사 나한전에서 하루 여덟 시간씩 천일기도 정진을 계속하던 중 은사 종열 스님이 화엄사 주지로 부임하게 되면서 스님의 '궤도 수정'이 시작됐다.

"맏상좌로서 은사스님을 모셔야 해서 화엄사 재무를 하면서 행정을 배우게 됐습니다. 그러다 1999년 고산 큰스님이 총무원장으로 계실 때 호법부 소임을 맡게 되면서 종단 일을 보기 시작했어요. 그때 용주사 말사인 의왕 용화사의 삼보정재를 지키려 했던 것을 계기로 용화사를 중창하게 됐습니다. 저의 꿈이 수행승에서 행정승으로 바뀌었습니다. 하하."

덕문 스님은 화엄사 재무국장, 기획국장을 비롯해 경산 선본사와 강화 보문사 주지, 조계종 원로회의 사무처장, 총무원 호법부장, 제13, 14, 15대 중앙종회 의원, 불교중앙박물관장, 대구 동화사 주지 등을 두루 역임했다. 각종 소임을 보면서도 항상 화엄사 어른스님들의 가르침을 잊지 않았다.

"화엄문도는 화합을 가장 중요하게 생각합니다. 화엄사 중흥조이신 도광 큰스님과 도천 큰스님의 금강산 도반결의 이후 화엄문도의 모든 스님은 대중이 화합하면 어떤 어려운 일도 헤쳐 나갈 수 있다는 것을 문중의 근본으로 생각합니다."

덕문 스님은 선대 어른스님들의 뜻을 이어 본사를 운영하겠다고 밝혔다.

"도광 큰스님은 인욕(忍辱)과 자비(慈悲)의 보살이십니다. 본사 주지 소임을 많이 보셨는데도 종무 행정을 마치고 나면 항상 선방에서 정진하고 탁발하셨습니다. 도천 큰스님은 제가 태고사에 인사드리러 갈 때마다 지붕 위에 올라가 직접 일하시던 모습이 눈에 선합니다. 언제나 공부하는 수행자를 위해 솔선수범하셨습니다. 두 어른스님의 평전 발간 등 구체적인 선양 사업을 진행할 예정입니다."

스님은 교구 본사의 지위와 역할에 대해서도 재차 강조했다. 본사가 단순한 행정 조직의 역할에 머무는 것에는 난색을 표했다.

"저는 본사 주지로 처음 취임하면서 화엄사를 지역주민은 물론 국민 모두의 편안한 쉼터로 만들겠다고 생각했습니다. 이러한 원력이 100퍼센트 만족스럽게 진행되는 것은 아니지만 어느 정도 궤도에는 올랐다고 봅니다. 제가 좀 더 열심히 해서 후임 주지스님들이 교육과 포교의 꽃을 피운다면 부끄럽지 않은 소임이었다는 자부심을 가질 수 있지 않을까 생각합니다.

본사는 각 말사나 재적스님에게 수행과 포교의 현장에서 활용할 수 있는 다양한 프로그램을 제공해야 합니다. 본사를 운영할 때도 가장 먼저 사부대중의 자발적 참여를 바탕으로 종무 행정을 혁신하고, 그다음으로 본사와 말사의 지역사회 포교와 사회 공헌 활동을 강화해 나가며, 또 교구 전체의 사찰을 유기적으로 연계한 사업을 지속적으로 추진해야 합니다. 궁극적으로는 시대의 흐름을 반영하여 현재의 총무원, 본사, 말사로 이어지는 종단의 행정 체계 전체에 대한 깊은 고민을 통해 근본적으로 새로운 조직 개편이 이루어져야 할 것입니다."

스님은 화엄사를 철저하게 '국장 책임제'로 운영한다. 국장스님이 주도적으로 업무를 처리하도록 한 것이다. 업무의 효율은 자연스럽게 올라갔고 성과도 뒤따랐다.

기존 일곱 직무 외에 복지, 문화, 연수 등의 분야에도 국장직을 신설했다. 스님을 포함해 종무소에만 총 열네 명의 소임자가 근무하며 지리산 불교를 가꾸어 나간다.

"국민의 쉼터가 되는 불교 만들 터"

지도자 포럼

14일(목) 오전10시

"떻게 해 나갈 것인가"

장의 논리가 아니라 구성원 모두가 상호 협
동체의 논리에 입각해야 한다

로 할 수 있는 전략을 수립해서 진행한다

면 승려복지는 실패한다 승가공동체가 함
기본원칙을 가지고 시작해야 한다

단적 차원에서 보편적으로 진행해서
다

승려노후복지를 주제로 조계종 종단지도자포럼에서 강의하고 있는 덕문 스님.

구례 화엄사 주지 덕문 스님

선도적인 현안 해결에 쏟아지는 찬사

교구 본사의 '몫'을 잘 알고 있기 때문인지 덕문 스님은 불교계 최대의 화두인 승려 노후 복지를 앞장서서 해결하고 있다. 화엄사가 제시하고 실천하는 승려 노후 복지는 전국으로 확산되고 있다.

화엄사는 담당 국장스님을 파견해 스님의 입원에서 퇴원까지 모든 수속 절차를 돕고 의료비와 입원비 등 전액을 지원한다. 예방 차원에서 매년 10여 명의 스님에게 '승가 케어'를 통한 정밀 건강검진을 진행하고 있다. 또 화엄사 만월당과 천은사에 노스님을 위한 거처를 조성했고, 담양 용화사에는 선원 대중스님의 처소를 마련했고, 연곡사에는 말사 주지 소임을 마친 스님의 주거 공간을 조성 중이다. 세납 65세 이상 등의 조건을 갖춘 스님에게는 수행연금 50만 원과 노후복지연금 50만 원을 별도로 지원한다.

"본사는 물론이고 어느 사찰이나 재정적으로 어려움이 없는 사찰은 없습니다. 그래서 한정적 재원을 알맞은 자리에 제대로 투입하는 집중과 조정의 결정이 필요하다고 생각합니다. 승가의 복지 대책은 이제 미룰 수 없는 종단의 최대 현안이 됐습니다. 승려 복지는 승가를 가꾸어가는 가장 기본적인 일이지만, 그동안 우리는 복지를 등한시해왔어요. 화엄사가 선도적으로 진행하는 승려 복지를 전국의 다른 본사들도 같이 실천하는 모습을 보며 그래도 조금 위안을 얻습니다."

승려 노후 복지와 관련해 스님은 총무원과 교구 본사의 적절한 역할 분담이 이루어져야 한다고 강조했다. 종단의 승려복지회와 교구의 승려복지회 조직을 강화해 상호 네트워크를 구축하고, 승려 복지 재원 마련을

🐟천은사 무료 산문 개방 MOU를 체결하고 테이프 커팅을 하는 모습.

법제화하며, 복지 수혜자 부담의 원칙을 시행해서 자기 책임성을 강화하고, 승가 초고령화에 대비한 승려 복지 종합 지원 시스템을 마련해야 한다고 전했다.

스님은 핫이슈인 문화재 구역 입장료 문제 해결에도 팔을 걷어붙였다. 지리산 천은사의 입장료 징수를 중단해 '무료 산문 개방'을 실현했다. 지난 4월 29일 맺은 협약을 통해 천은사는 지리산 노고단으로 이어지는 지방도 861호선 위에 설치됐던 매표소를 철거했다. 대신 전라남도와 환경부, 문화재청, 구례군, 국립공원관리공단, 한국농어촌공사 등은 천은사 발전을 위해 적극 협력키로 했다.

"문화재 구역 입장료를 둘러싼 많은 논쟁은 불교계와 협의 없이 수많은 사찰림을 국립공원 지역으로 일방적으로 지정한 정부의 무책임한 규제에서 비롯됐습니다. 문제가 이렇게 해서 생겼다는 점은 간과하고 대개 입장료 징수 위치와 금액의 문제로만 갑론을박을 지속했습니다. 이것이 정치적 용어로 이미 프레임에서 종단의 명분이 밀리는 형국이 계속된 이유입니다.

따라서 종단에서는 우선 국립공원에 소재한 사찰림은 사찰의 소유인데도 정부가 무상으로 사용하고 있다는 점을 명확하게 하고, 그다음으로 국립공원 내의 탐방로는 사찰의 수행 환경을 훼손하지 않는 범위 내에서 별도로 개설할 것을 요구하며, 마지막으로 국립공원 지역 중 공원문화유산지구는 사찰의 문화재와 사찰림이 어우러진 독특한 문화 경관이라는 점을 적극적으로 알려야 할 것입니다.

또 관련 공무원과 정책 입안자 그룹, 여론 주도층 등에 대한 접촉망의 확대를 통해 정책의 추진 과정에서부터 종단의 여론이 올바르게 전달될 수 있는 협업 시스템을 구축해야 합니다. 차제에 이 문제와 관련해서는 개별 사찰이 아니라 종단이 정부와 종합적이고 일관된 협상을 진행해야 할 것입니다."

스님은 문화재 구역 입장료 문제를 해결하기 위한 종단의 준비도 시급하다고 지적했다.

"첫째, 정부의 정책 방향에 대한 깊은 이해와 연구가 우선돼야 합니다. 둘째, 정부에 국립공원 및 문화재 관람료 문제 해결을 위한 전향적인 정부 조직의 구성을 촉구해야 합니다. 셋째, 종단은 정부와의 협의를 압박할 수 있는 다양한 방안을 통해 정부를 협의 테이블로 이끌어내야 합니다. 넷째, 종단의 전통 사찰의 문화재와 자연환경유산 보존 활동에 대한 적극적인 홍보를 국민 전체로 확대해야 합니다. 다섯째, 종단 역시 문화재 구역 입장료가 어떻게 사용되는지 투명하게 공개할 것을 요구하는 정부와 국민의 요구를 외면하지 말고 이에 적극적으로 대응해야 합니다. 여섯째, 종단의 정책 연구 기능을 활성화하기 위해 불교종책(정책)연구소를 신설해야 합니다. 일곱째, 불교시민단체 등 종단 외곽 단체의 역량을 강화하고 네트워크화해야 합니다."

문제를 꿰뚫어보는 스님의 견해는 명확했다. 대안도 정확했다. 임기의 절반을 갓 넘겼지만 스님의 원력은 몇 번의 소임을 마친 본사 주지스님의 그것 못지않았다.

스님은 한국 불교 승가에 대한 아쉬움도 드러냈다.

"일제강점기에 만해 스님은 당시의 스님들을 10분의 9는 혼돈파(渾沌

〰️ 필리핀 아이들에게 학용품을 전달하고 있는 덕문 스님.

"국민의 쉼터가 되는 불교 만들 터"

派): 특수한 사상적 경향이 없는 생활인, 위아파(爲我派): 남은 어찌 되든 조선 불교는 어찌 되든 자기만 안전하면 그만이라는 무리, 오호파(嗚呼派): 모든 일을 강 건너 불로 보고 한숨으로 세월을 보내는 무리, 소매파(笑罵波): 항상 뒤에서 남의 일을 비웃거나 조롱하는 무리, 포기파(暴棄波): 새로운 시대에 잘 적응하지 못하는 무리, 대시파(待時波): 가만히 앉아서 때가 오기만 기다리는 무리라고 분류했습니다."

스님은 다시 운을 뗐다.

"21세기를 맞은 지금의 한국 불교라고 별로 달라지지는 않았다는 것이 제 판단입니다. 승가의 주체적인 개혁 의지 부재가 한국 불교가 우리 사회의 주도적인 중추 세력으로 성장하지 못하고 소외된 조직으로 전락하게 된 주요 요인이라고 생각합니다. 승가의 일대 쇄신이 필요한 시점입니다. 사부대중 공동체 모두가 절박한 심정으로 참회하고 발심 수행해야 할 것입니다."

인터뷰를 마치고 스님은 필리핀으로 향했다. 대표를 맡고 있는 굿월드 자선은행의 국제 구호 현장 상황을 살피러 간 것이다. 국내외를 가리지 않고 이어지는 덕문 스님의 원력 실천은 이렇게 대중에게 하나둘씩 각인되어가고 있다. ❀

원력의 화신

초판 1쇄 | 2019년 8월 14일

지은이 | 유철주

발행인 | 유철상

책임 편집 | 남영란
교정 · 교열 | 유은하
디자인 | Mia Design, 주인지
마케팅 | 조종삼, 최민아

펴낸 곳 | 상상출판
주소 | 서울시 동대문구 정릉천동로 58, 103동 206호(용두동, 롯데캐슬 피렌체)
구입 · 내용 문의 | **전화** 02-963-9891 **팩스** 02-963-9892
이메일 cs@esangsang.co.kr
등록 | 2009년 9월 22일(제305-2010-02호)
찍은 곳 | 다라니

※ 가격은 뒤표지에 있습니다.

ISBN 979-11-89856-47-2(03220)

www.esangsang.co.kr